DON'T LOOK BACK
Dual-Language

**MY JOURNEY THROUGH AN MFA IN FINE ART PAINTING
FRENCH - ENGLISH**

Christelle Momini Wealth

BLUEROSE PUBLISHERS
India | U.K.

Copyright © Christelle Momini Wealth 2024

All rights reserved by author. No part of this publication may be reproduced, stored in a retrieval system or transmitted in any form or by any means, electronic, mechanical, photocopying, recording or otherwise, without the prior permission of the author. Although every precaution has been taken to verify the accuracy of the information contained herein, the publisher assumes no responsibility for any errors or omissions. No liability is assumed for damages that may result from the use of information contained within.

BlueRose Publishers takes no responsibility for any damages, losses, or liabilities that may arise from the use or misuse of the information, products, or services provided in this publication.

For permissions requests or inquiries regarding this publication,
please contact:

BLUEROSE PUBLISHERS
www.BlueRoseONE.com
info@bluerosepublishers.com
+91 8882 898 898
+4407342408967

ISBN: 978-93-6452-255-7

First Edition: September 2024

Table of *Contents*

01 INTRODUCTION
Purpose and Theme, The Collaboration

02 FROM ART DIRECTOR TO PAINTING HOW DO I BECOME INTEREST IN PAINTING
Overview of the MFA Journey

03 ARTIST STATEMENT
The Spark, The Decision,

04 RESEARCH AND APPLICATION
Personal Statement MFA Painting, Acceptance, The Answer of my application

05 THE BEGINNING
Introduction and set-up, Developing a voice

06 EXPLORATOIN-EXPERIMENTATION
Exploration

07 ABSTRACT EXPLORATION
Experimentation

08 RESEARCH ONTO PRACTICE
Feedback And Growth, About Painting Program, Development after feedback

09 STUDIO LIFE
Breakthroughs, Personal Growth

10 THE THESIS PROJECT - SELF DIRECTION
Culture and Context Unit

11 THE RESIDENCY
I Paint for Purpose, Evaluation, Utopia

12 HOW PAINTING CAN ASSIST US WITH OUR WELL-BEING TO RELIEVE THE NEGATIVE IMPACT OF ENVIRONMENTAL AND CLIMATE CHANGE

13 RESIDENCE STUDIO WORK AT LA JOYA
Research and experiment

14 ARTIST RESEARCH AND IMPLEMENTATION
Colours Inspiration by Psychology colours

15 CONTEMPORARY ARTIST PAINTER INFLUENCE MY WORK
The Artist with Most Ideas Relate to my Practice

16 ART, AIR, ECOLOGY
Paris Residency

17 SELF DIRECTION STUDY

- Statement of my work Practice 1: DNA
- Statement of my work Practice 2 : Art-Science Collaboration Art, science and Ecology
- Statement of my Work Practice 3:
  - Neurodivergence
- Statement of my Work Practice 4
- Neuroscience

18 REFLECTIVE EVALUATION

19 EXPLORATION AND EXPERIMENTTATION

Interdisciplinary collaboration Tutorials and Discussion,

20 EXHIBITION OPPORTUNITIES

Networking Felling and Decision-Making,

21 WORK PRODUCE INSPIRE BY ECOLOGY, ENVIRONMENTAL AND CLIMATE CHANGE

22 FINAL DIRECTION

Entropy, Artist with the Painting that have Informed my Practice

23 CHANGING DIRECTION

Shifting Perspective, Changing Direction Catalysing Dialogue

24 ARTIST WHOSE INFLUENCE MY JOURNEY FOR THIS PROJECT

25 **ART-SCIENCE COLLABORATION**

New Explorations of Ecological System, Values and Their Approach,

26 **ENTROPY PAINTING AND ARTIST WORK**

27 **PROJECT ART AND SCIENCE**

28 **PROJECT ECOLOGY**

29 **PROJECT NEURODIVERGENCE**

30 **PROJECT NEUROSCIENCE**

Finding Inner, Peace with Ocean

31 **THE BRIEF PRACTICE**

- Practice 1
- Practice 2
- Practice 3
- Practice 4

32 **CULTURE AND CONTEXT**

Negotiated Study The Brief

33 **EVALUATION**

34 **PROFESSIONAL PRACTICE**

Practice 4

35 PROJECT PROPOSALS

- PhD PROPOSAL
- Foundation Proposal
- Magazine and Gallery Proposal

36 ARTIST BIOGRAPHY

37 EXHIBITIONS

38 PORTFOLLIO OF WORKS PRODUCE DURING THE 2 YEARS COURSE

39 INNOVATIVE PAINTING

40 BRANDING LICENSING

Wealth Brand

41 SPECIAL THANK

42 CONCLUSION

Table
DES MATIÈRES

01
INTRODUCTION
objectif et thème, la collaboration

02
DU DIRECTEUR ARTISTIQUE À LA PEINTURE COMMENT PUIS-JE DEVENIR INTÉRESSÉ POUR LA PEINTURE
Aperçu du parcours MFA

03
DÉCLARATION DE L'ARTISTE
L'étincelle, la décision

04
RECHERCHE ET APPLICATION
Déclaration personnelle MFA Peinture, Acceptation, La réponse à ma candidature

05
LE DÉBUT
Introduction et mise en place, Développer une voix

06
EXPLORATOIN-EXPÉRIMENTATION
Exploration

07
EXPLORATION ABSTRAIT
Experimentation

08
RECHERCHE SUR LA PRATIQUE
Feedback And Growth, About Painting Program, Development after feedback

09
LA VIE D'ATELIER
Percées, croissance personnelle

10 LE PROJET DE THESE-AUTODIRECTION
Unité Culture et Contexte

11 LA RESIDENCE
Je peins dans un but, une évaluation, une utopie

12 COMMENT LA PEINTURE PEUT NOUS AIDER À NOTRE BIEN-ÊTRE POUR SOULAGER L'IMPACT NÉGATIF DU CHANGEMENT ENVIRONNEMENTAL ET CLIMATIQUE

13 TRAVAIL EN RÉSIDENCE STUDIO À LA JOYA
Recherche et expérimentation

14 RECHERCHE ET MISE EN ŒUVRE D'ARTISTES
Colours Inspiration by Psychology colours

15 ARTISTE PEINTRE CONTEMPORAIN INFLUENCE MON TRAVAIL
L'artiste avec la plupart des idées liées à ma pratique

16 ART, AIR, ÉCOLOGIE
Résidence d'art à Paris

17 ÉTUDE D'AUTODIRECTION

Énoncé de mon travail Pratique 1 : ADN
Énoncé de mon travail Pratique 2 : Collaboration Art-Science Art, science et écologie
Énoncé de ma pratique de travail 3 : Neurodivergence
Énoncé de ma pratique de travail 4 Neurosciences

18

ÉVALUATION RÉFLEXIVE

19

EXPLORATION ET EXPÉRIMENTATION

Collaboration interdisciplinaire Tutoriels et discussions,

20

OPPORTUNITÉS D'EXPOSITION

Mise en réseau et prise de décision,

21

LE TRAVAIL PRODUIT UNE INSPIRE PAR L'ÉCOLOGIE, L'ENVIRONNEMENT ET LE CHANGEMENT CLIMATIQUE

Changement de perspective, changement de direction Catalyser le dialogue

22

ORIENTATION FINALE

Entropy, artiste avec la peinture qui a éclairé ma pratique

23

CHANGER DE DIRECTION

Changement de perspective, changement de direction Catalyser le dialogue

24

ARTISTE QUI A INFLUENCÉ MON PARCOURS POUR CE PROJET

25
COLLABORATION ART-SCIENCE
Mise en réseau et prise de décision,

26
PEINTURE D'ENTROPIE ET TRAVAIL D'ARTISTE

27
PROJET ART ET SCIENCE

28
ÉCOLOGIE DU PROJET

29
PROJET NEURODIVERGENCE

30
ORIENTATION FINALE
trouver la paix intérieure avec l'océan

31
LA BRÈVE PRATIQUE
- Pratique 1
- Pratique 2
- Pratique 3
- Pratique 4

32
CULTURE ET CONTEXTE
Étude négociée Le dossier

33
ÉVALUATION

34
PRATIQUE PROFESSIONNELLE
Pratique 4

35
PROPOSITIONS DE PROJETS

PROPOSITION DE THÈME
Proposition de fondation
Proposition de magazine et de galerie

36
BIOGRAPHIE DE L'ARTISTE

37
EXPOSITIONS

38
PORTEFEUILLE DE TRAVAUX PRODUITS PENDANT LE COURS DE 2 ANS

39
PEINTURE INNOVANTE

40
LICENCE DE MARQUE

La Marque Wealth

41
MERCI SPÉCIAL

42
CONCLUSION

INTRODUCTION

Embarking on the journey of a Master of Fine Arts (MFA) in Painting was one of the most transformative experiences of my life. It required immense dedication, perseverance, and the willingness to embrace both the joys and challenges of artistic creation. This book, "Don't Look Back": My Journey Through an MFA in Fine Art Painting, was a great journey. It explores the intricate dance between art, science, and ecology, and how these themes have not only influenced my work but also shaped my understanding of the world.

I was born in Cameroon and grew up in France, experiencing a rich tapestry of cultures that deeply influenced my perspective on art and life.

As a child, art was a way for me to make sense of the world. Art allowed me to create beauty in the dark, find quiet in the chaos and develop a sense of

optimism that has carried me to where I am today. I was 25 years old when I made the decision to go back to School or Art and study Art. I was 33 when arrived in Manchester to study art at The Manchester College then, Graduate at Manchester school of Art and postgraduate at the Manchester Metropolitan University, The Manchester School of Art.

Now, as a contemporary artist painter with dual French and British

nationality, I bring a unique blend of heritage and experiences to my work. This multicultural background has profoundly shaped my artistic vision, infusing it with diverse influences and a deep appreciation for the interconnectedness of the world.

For me, painting is always a discovery. That is why I love the intuitive approach, because I paint for the purpose. I paint to provoked

to denounce, to announce but I'm discovering things, even in those form forms that I hadn' put there, it happened accidentally, and it might shape into something. It has happened to me before.

My Painting Style is unique, using abstraction, expression with mixed-media and raw materials, and psychological colours.

A viewer when looking at my painting, always see something different every time they look at my work. This is the reason why painting is autobiographical and multicultural for me.

I like to think that my painting give joy, emotion to people and can heal them.

Find Christelle at:
www.momini.org
Intangram: Christelle_wealth
Facebook: Christelle Momini Wealth
Facebook Page Wealth Art gallery
Linkin: Christelle Momini Wealth
Tweeter: Christelle Wealth

INTROCUTION

Embarquer dans le parcours d'un Master et Maitrise en Art Plastique en peinture a été l'une des expériences les plus transformatrices de ma vie. Cela a demandé un immense dévouement, de la persévérance, et la volonté d'accepter à la fois les joies et les défis de la création artistique. Ce livre, "Don't Look Back", mon voyager à travers un MFA en peinture des beaux-arts a été une expérience formidable. Il m'a permis d'explorer la danse complexe entre l'art, la science et l'écologie, et comment ces thèmes ont non seulement influencé mon travail mais a également façonné ma compréhension dans le monde.

Je suis née au Cameroun et j'ai grandi en France, vivant dans un pays qui a une riche tapisserie de cultures qui a profondément influencé ma vision de l'art et de la vie. Enfant, l'art était pour moi un moyen de donner un sens au monde. L'art m'a permis de créer de la beauté dans l'obscurité, de trouver le calme dans le chaos et de développer un sentiment d'appartenance et l'optimisme qui m'a mené là où je suis aujourd'hui. J'avais 25 ans lorsque j'ai pris la décision de retourner à l'école ou aux arts Beaux Art et d'étudier l'art. J'avais 33 ans quand je suis arrivé à Manchester pour étudier l'art au Manchester College, puis j'ai obtenu mon diplôme ma licence à Manchester School of Art et mon Master et Maitrise à Manchester Metropolitan University, The Manchester School of Art.

Aujourd'hui, en tant qu'artiste peintre contemporain à la double nationalité française et britannique, j'apporte un mélange unique d'héritage et d'expériences à mon travail.

Ce contexte multiculturel a profondément façonné ma vision artistique, en lui insufflant des influences diverses et une profonde appréciation pour interconnectivité du monde.

Pour moi, peindre est toujours une découverte. C'est pourquoi j'aime l'approche intuitive, parce que je peins dans ce but. Je peins pour être provoqué, dénoncer, annoncer mais je découvre des choses, même dans ces formes que je n'avais pas mises là, c'est arrivé par hasard, et ça peut aussi quelque chose. Cela m'est déjà arrivé.

Mon style de peinture est unique, utilisant l'abstraction, l'expression avec des médias mixtes et des matières premières, et couleurs psychologiques ; les personnes qui regardent ma peinture voient toujours quelque chose de différent à chaque fois qu'il regarde mon travail. C'est la raison pour laquelle la peinture est pour moi autobiographique et multiculturelle et surtout une découverte et un voyage vers l'inconnu.

J'aime penser que ma peinture donne de la joie, de l'émotion aux gens et peut les guérir.

Où trouver Christelle:
www.momini.org
Intangram: Christelle_wealth
Facebook: Christelle Momini Wealth
Facebook Page Wealth Art gallery
Linkin: Christelle Momini Wealth
Tweeter: Christelle Wealth

PURPOSE AND THEME

The purpose of this book is twofold. Firstly, it serves as a personal memoir, documenting the intense and often arduous path of completing an MFA in Fine Art Painting. Through detailed accounts of my experiences, I hope to offer insight into the life of an art student, shedding light on the sacrifices and hard work required to reach this level of artistic achievement. Secondly, it aims to inspire and guide aspiring artists who are contemplating their own journeys in the world of fine arts.

ART
Art is the heart of this book. It is the medium through which I have expressed my deepest
thoughts, emotions, and observations. Throughout my MFA program, I delved into various
techniques and styles, experimenting with colours, textures, and forms. This exploration was not just about creating visually appealing works but also about finding my unique voice as an artist. The process of developing this voice was filled with moments of self-doubt, breakthroughs, and ultimately, profound personal growth.

SCIENCE
Science plays a crucial role in my artistic journey. The intersection of art and science has always fascinated me. Scientific principles, especially those related to light, colour, and perception, have deeply influenced my work. Understanding the scientific underpinnings of how we see and interpret art allowed me to experiment with new techniques and push the boundaries of traditional painting. This integration of science and art not only enriched my work but also opened to new avenues for creative expression.

ECOLOGY

Ecology is another central theme of this hook Our natural environment has been a constant source of inspiration for my paintings. Throughout my MFA program, I sought to explore the
relationship between humans and nature, capturing the beauty and fragility of our ecosystems. This exploration was not just about depicting landscapes but also about raising awareness of
environmental issues. Through my art, I aimed to evoke a sense of connection and responsibility towards the Earth, highlighting the need for sustainable practices and ecological balance.

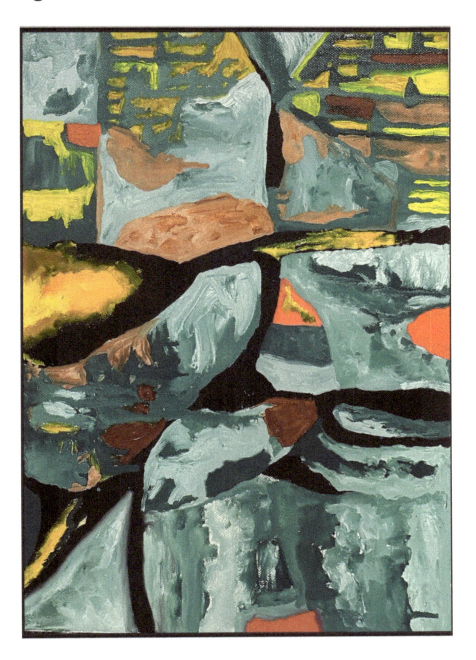

This art book is writing in both French and English to offers Broader Audience Reach. Bilingual publication allows the book to reach a wider audience, appealing to both French-speaking and English-speaking readers. This can significantly expand the book's market, making it accessible to more people around the world.

Cultural and Artistic Relevance, French is often associated with art and culture, given France's significant contributions to art history. Writing in French it is enhance the book's credibility and appeal within the art community. Simultaneously, English is a global lingua franca, ensuring broader accessibility and international relevance. Also, by catering to two major language groups, the book is more likely to achieve higher sales. Bilingual editions can also attract collectors, institutions, and libraries that seek comprehensive resources and increased Sales Potential.

Educational Value: A bilingual book can serve as an educational tool, helping readers who are learning either language to improve their language skills while engaging with the content.

Providing content in both languages demonstrates respect for cultural diversity and inclusivity, acknowledging the linguistic preferences of different readers.

Bilingual books can facilitate cross-cultural collaborations, including partnerships with museums, galleries, and cultural institutions in both French-speaking and English-speaking regions. Overall, I'm writing this art book in both French and English to enhances its global appeal, accessibility, and cultural significance.

OBJECTIF ET THÈME

L'objectif de ce livre est double. Premièrement, il sert de mémoire personnelle, documentant le parcours intense et souvent ardu de l'obtention d'une Maitrise en peinture à l'école des beaux-arts. À travers des récits détaillés de mes expériences, j'espère offrir un aperçu de la vie d'un étudiant en art, mettant en lumière les sacrifices et le travail acharné nécessaires pour atteindre ce niveau de réussite artistique. Deuxièmement, il vise à inspirer et à guider les artistes qui envisagent leur propre voyage dans le monde des beaux-arts.

ART
L'art est au cœur de ce livre. C'est le moyen par lequel j'ai exprimé mes plus profond
Pensées, émotions et observations. Tout au long de mon programme MFA, j'ai approfondi diverse techniques et styles, expérimentant les couleurs, les textures et les formes. Cette exploration ne visait pas seulement à créer des œuvres visuellement attrayantes, mais aussi à trouver ma voix unique en tant qu'artiste. Le processus de développement de cette voix a été rempli de moments de doute de soi, de percées et, finalement, d'une profonde croissance personnelle.

SCIENCE
La **Science** joue un rôle crucial dans mon parcours artistique. L'intersection de l'art et de la science m'a toujours fasciné. Les principes scientifiques, notamment ceux liés à la lumière, à la couleur et à la perception, ont profondément influencé mon travail. Comprendre les fondements scientifiques de la façon dont nous voyons et interprétons l'art m'a permis d'expérimenter de nouvelles techniques et de repousser les limites de la peinture traditionnelle. Cette intégration de la science et de l'art a non seulement enrichi mon travail, mais a également ouvert de nouvelles voies d'expression créative.

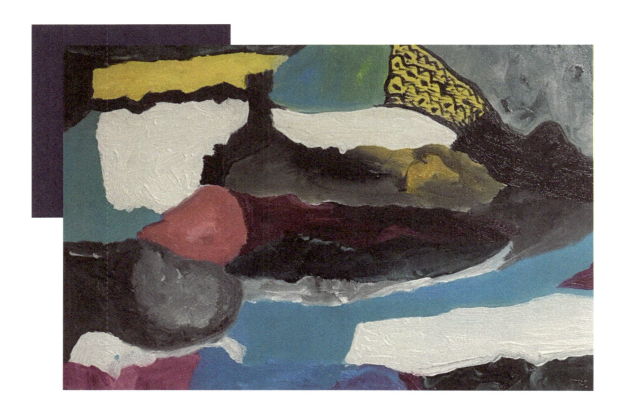

ÉCOLOGIE

L'écologie est un autre thème central de ce crochet. Notre environnement naturel a été une source d'inspiration constante pour mes peintures. Tout au long de mon programme de MFA, j'ai cherché à explorer les relations entre l'homme et la nature, capturant la beauté et la fragilité de nos écosystèmes. Cette exploration ne visait pas seulement à représenter des paysages mais aussi à faire connaître les problèmes environnementaux. À travers mon art, je visais à évoquer un sentiment de connexion et de responsabilité envers la Terre, en soulignant la nécessité de pratiques durables et d'équilibre écologique.

Ce livre d'art est écrit en français et en anglais pour proposer une audience plus large. La publication bilingue permet au livre de toucher un public plus large, attirant à la fois les lecteurs francophones et anglophones. Cela peut élargir considérablement le marché du livre, le rendant accessible à un plus grand nombre de personnes dans le monde.

Le français est souvent associé à l'art et à la culture, étant donné les contributions importantes de la France à l'histoire de l'art. L'écrire en français renforce la crédibilité et l'attrait du livre au sein de la communauté artistique. Dans le même temps, l'anglais est une langue mondiale, garantissant une accessibilité plus large et une pertinence internationale. De plus, en s'adressant à deux grands groupes linguistiques, le livre a plus de chances de réaliser des ventes plus élevées. Les éditions bilingues peuvent également attirer les collectionneurs, les institutions et les bibliothèques qui recherchent des ressources complètes et un potentiel de vente accru.

MFA JOURNEY

THE COLLABORTION

Christelle Momini Wealth

THE CREATIVE PROCESS

Collaboration has been a vital component of my MFA Journey. The Creative process is often seen as a solitary endeavour, but it is enriched by the exchange of ideas and experiences with others. Collaboration with fellow artists, professors, and even scientists and ecologists brought new perspectives to my works. These interactions challenged me to think differently, to push beyong my comfort zone, and to create art that resonates on multiple levels.

MON PARCOURS MFA

LA COLLABORATION

CHRISTELLE Momini WEALTH

LE PROCESSUS CRÉATIF

La collaboration a été un élément essentiel de mon parcours MFA. Le processus créatif est souvent considéré comme un effort solitaire, mais il s'enrichit de l'échange d'idées et d'expériences avec d'autres. La collaboration avec d'autres artistes, professeurs et même scientifiques et écologistes a apporté de nouvelles perspectives à mes œuvres. Ces interactions m'ont mis au défi de penser différemment, de sortir de ma zone de confort et de créer un art qui résonne à plusieurs niveaux.

FROM ART DIRECTOR TO PAINTING
HOW DO I BECAME INTEREST IN PAINTING?

I have always dreamed of being a painter. Ever since I was young, the world of colours, shapes, and emotions that painting offers captivated me. However, my first attempt to enter the prestigious Ecole des Beaux-Arts in Paris ended in disappointment, leaving me internally devastated. Despite this setback, I never let go of my passion. I spent countless hours in art galleries, admiring the works of painters and feeling a deep connection to their creations.

Determined to pursue a career in the arts, I decided to resume my studies in Art and Design. I earned a degree in Textile Art and Fashion Technology, followed by a master's degree in Fashion Art Direction. After graduating, I opened my first freelance store as a visual artist-designer. This period was professionally fulfilling, yet I couldn't shake the feeling that something was missing.

My true passion for painting remained unfulfilled
The COVID-19 pandemic brought many activities to a halt, providing me with a unique opportunity to reflect on my career and aspirations. It was during this time of global slowdown that I made a life-changing decision: I would go back to school to learn painting. I chose to pursue an MFA in Painting, determined to finally follow my dream and immerse myself fully in the world of fine art.

"Don't Look Back" is a testament to the power of these themes art, science, ecology, and collaboration. It is a story of growth, resilience, and the relentless pursuit of artistic excellence. As you delve into this book, I hope you will find inspiration in my journey, and perhaps, a reflection of your own experiences and aspirations. May it encourage you to pursue your passion with unwavering dedication and to explore the boundless possibilities that lie at the intersection of art and the world around us.

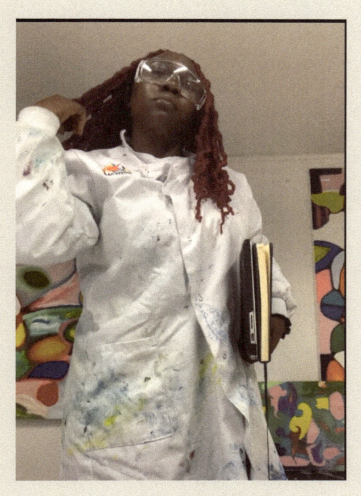

DU DIRECTEUR ARTISTIQUE À L'ART PLASTIQUE

COMMENT PUIS-JE ÊTRE INTÉRESSÉ PAR LA PEINTURE?

CHRISTELLE MOMINI WEALTH

J'ai toujours rêvé d'être peintre. Depuis que j'étais jeune, le monde des couleurs, des formes et des émotions qui les offres de peinture m'ont captivé. Cependant, ma première tentative d'entrer à la prestigieuse École des Beaux-Arts de Paris s'est terminée par déception, me laissant intérieurement dévasté. Malgré face à ce revers, je n'ai jamais abandonné ma passion. J'ai passé d'innombrables heures dans les galeries d'art, admirant les œuvres des peintres et ressentir un lien profond avec leurs créations. Déterminée à poursuivre une carrière dans les arts, j'ai décidé de reprendre mes études en Art et Design. J'ai obtenu un diplôme en art textile et technologie de la mode, suivi d'une maîtrise en Direction Artistique Mode. Après avoir obtenu mon diplôme, j'ai ouvert ma première boutique indépendante en tant qu'artiste-designer visuel. Cette période était
Professionnellement épanouissant, mais je ne pouvais pas me débarrasser du sentiment qu'il manquait quelque chose.

Ma véritable passion pour la peinture est restée insatisfait. La pandémie de COVID-19 a entraîné l'arrêt de nombreuses activités, m'offrant une occasion unique de réfléchir à mon carrière et aspirations. C'était à cette époque de crise mondiale ralentissement que j'ai pris une décision qui a changé ma vie : je vais retourner à l'école pour apprendre la peinture. J'ai choisi de poursuivre un MFA en Peinture, déterminée à enfin suivre mon rêve et à m'immerger me plonger pleinement dans le monde des beaux-arts.
"Don't Look Back" est un témoignage de la puissance de ces thèmes art, science, écologie et collaboration. C'est une histoire de la croissance, la résilience et la poursuite incessante de la création artistique excellence. En parcourant ce livre, j'espère que vous découvrirez l'inspiration dans mon voyage, et peut-être, un reflet de votre propres expériences et aspirations. Puisse-t-il vous encourager à poursuivre votre passion avec un dévouement sans faille et explorez les possibilités illimitées qui se trouvent à l'intersection de l'art et du monde qui nous entoure.

OVERVIEW OF THE MFA JOURNEY

Embarking on the path of a Master of Fine Arts (MFA) in Painting was a transformative and challenging experience that profoundly shaped my artistic vision and personal growth. This journey, marked by dedication, experimentation, and resilience, provided a comprehensive immersion into the world of fine art, allowing me to hone my skills and explore new creative horizons. Here is an overview of my MFA journey:

APERÇU DU PARCOURS MFA

S'engager sur la voie d'un Master des Beaux-Arts (MFA) en Peinture a été une expérience transformatrice et stimulante qui a profondément a façonné ma vision artistique et ma croissance personnelle. Ce voyage, marqué par le dévouement, l'expérimentation et la résilience, a fourni un une immersion complète dans le monde des beaux-arts, me permettant de perfectionner mes compétences et explorer de nouveaux horizons créatifs. Voici un aperçu de mon parcours MFA .

ARTTIST STATAMENT

My artistic practice as a contemporary painting artist is driven by a deep
exploration of the human experience, the interplay between perception and emotion, and the ever-evolving nature of our world. Through my work, I seek to provoke introspection and challenge preconceived notions, inviting viewers to embark on a visual journey that transcends traditional boundaries. I am drawn to the expressive power of colour, texture, and composition, employing a dynamic interplay of these elements to create visually arresting and thought-rovoking pieces. Each brushstroke and layer of paint carries intention and meaning, capturing the essence of a moment or a concept and conveying it through a rich visual language. My process is characterized by a constant dialogue between control and spontaneity
I embrace experimentation and embrace the unexpected, allowing the painting to unfold organically. This approach lends a sense of energy and vitality to my work, creating a palpable tension that captivates the viewer's attention and invites them to engage on multiple levels.
Themes of identity, connectivity, and the relationship between the individual and the collective often find their way into my art. I aim to explore the complexities of human existence, blurring boundaries between past and present, reality and imagination. My work serves as a reflection of the world we inhabit, encompassing its triumphs and tribulations, its beauty and its flaws.
Ultimately, I strive to create a space where viewers can contemplate, question, and connect with the artwork in their own unique way.
Through the language of contemporary painting, I seek to evoke a range of emotions, provoke intellectual discourse and inspire a renewed appreciation for the power of visual expression.
I've designed this book to take both the beginner and experienced artist on a journey into an innovative painting. I'll described everything about my method you need to know. There's no right or wrong when it comes to painting. Every artist is different and they have their own unique voice. I hope this book gives you a solid foundation to identity and identify what works best for you and encourage and freedom to develop your own unique style and pursue your MFA in Painting.
I hope you will feel challenged and inspired.

CHRISTELLE MOMINI WEALTH

DÉCLARATION DE L'ARTISTE

Ma pratique artistique en tant qu'artiste peintre contemporain est animée par une profonde l'exploration de l'expérience humaine, l'interaction entre la perception et l'émotion et la nature en constante évolution de notre monde. A travers mon travail, je cherche à provoquer l'introspection et remettre en question les idées préconçues, invitant le spectateur à embarquez pour un voyage visuel qui transcende les frontières traditionnelles. Je suis attiré par le pouvoir expressif de la couleur, de la texture et de la composition, en utilisant une interaction dynamique de ces éléments pour créer un visuel saisissant et réfléchi. Pièces provoquantes. Chaque coup de pinceau et couche de peinture porte une intention et sens, capturant l'essence d'un moment ou d'un concept et le transmettant à travers un langage visuel riche. Mon processus se caractérise par un dialogue constant entre contrôle et spontanéité. J'accepte l'expérimentation et j'accepte l'inattendu, permettant à la peinture de se dérouler de manière organique. Cette approche donne un sentiment d'énergie et de vitalité à mon travail, créant une tension palpable qui captive l'attention du spectateur et l'invite à s'engager à plusieurs niveaux. Thèmes de l'identité, de la connectivité et de la relation entre l'individu et collectif se retrouve souvent dans mon art. Mon objectif est d'explorer les complexités de l'existence humaine, brouillant les frontières entre passé et présent, réalité et imagination. Mon travail est le reflet du monde dans lequel nous vivons, englobant ses triomphes et ses tribulations, sa beauté et ses défauts. En fin de compte, je m'efforce de créer un espace où les spectateurs peuvent contempler, questionner et se connectent à l'œuvre d'art à leur manière. Grâce au langage de peinture contemporaine, je cherche à évoquer une gamme d'émotions, à provoquer des émotions intellectuelles discours et inspirer une appréciation renouvelée du pouvoir de l'expression visuelle. J'ai conçu ce livre pour emmener à la fois l'artiste débutant et expérimenté dans une voyage dans une peinture innovante. Je vais tout vous décrire sur ma méthode dois savoir. Il n'y a pas de bien ou de mal en matière de peinture. Chaque artiste est différent et ils ont leur propre voix unique. J'espère que ce livre vous donnera une base solide pour identité et identifier ce qui fonctionne le mieux pour vous et encourager la liberté de se développer votre propre style unique et poursuivez votre MFA en peinture.
J'espère que vous vous sentirez stimulé et inspiré.

Christelle Momini Wealth

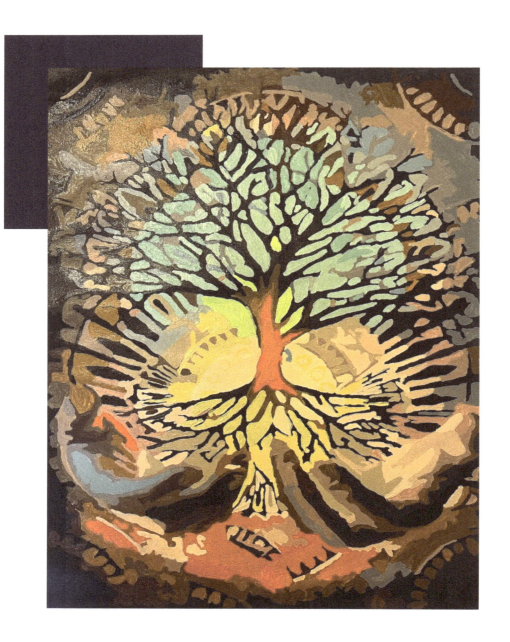

THE SPARK

The moment I decided to pursue an MFA in painting was as vivid as the colours on my palette. It happened in a gallery where an exhibition of contemporary works caught my eye. The bold strokes, the play of light and shadow, the raw emotion it all resonated deeply with me. it was then that I realized I wanted to dedicate myself fully to my art

L'ÉTINCELLE

Le moment où j'ai décidé de poursuivre une maîtrise en peinture a été aussi vif que les couleurs de ma palette. Cela s'est passé dans une galerie où une exposition d'œuvres contemporaines a retenu mon attention. Les traits audacieux, les jeux d'ombre et de lumière, l'émotion brute, tout cela a profondément résonné en moi. C'est alors que j'ai réalisé que je voulais me consacrer pleinement à mon art.

THE DECISION

The decision to pursue an MFA in Painting was fuelled by a lifelong passion for art and specially in painting. After a series of personal and professional experiences, including a failed attempt to enter the Ecole des Beaux Arts in Paris and a successful career as a visual artist-designer, I realized that my true calling was in painting. The COVID-19 pandemic provided the impetus to return to academy and fully commit to this dream balancing my personal life as a mother and spouse, and my professional life as a visual artist and designer.

LA DÉCISION

La décision de poursuivre une maîtrise en peinture a été alimentée par une passion de toujours pour l'art et particulièrement pour la peinture. Après une série d'expériences personnelles et professionnelles, dont une tentative ratée d'entrée à l'École des Beaux-Arts de Paris et une carrière réussie en tant qu'artiste plasticien-designer, j'ai réalisé que ma véritable vocation était la peinture. La pandémie de COVID-19 m'a donné l'impulsion nécessaire pour retourner à l'académie et m'engager pleinement dans ce rêve, équilibrant ma vie personnelle de mère et d'épouse et ma vie professionnelle d'artiste visuel et designer.

RESEARCH AND APPLICATION

Choosing the right MFA in Painting program was a daunting task. Spent countless hours researching schools, scrutinising faculty profiles, and reading alumni success
stories. The application process was rigorous. I meticulously curated my portfolio,
selecting pieces that best represented my growth and potential as an artist. writing
the statement of purpose was another challenge: I had to convey my passion, vision
and goals convincingly

RECHERCHE ET APPLICATION

Choisir le bon programme de MFA en peinture était une tâche ardue. Dépensé d'innombrables heures à rechercher des écoles, à examiner les profils des professeurs et à lire les succès des anciens élèves histoires. Le processus de candidature était rigoureux. J'ai soigneusement organisé mon portfolio, sélectionner les pièces qui représentaient le mieux ma croissance et mon potentiel en tant qu'artiste. En écrivant la déclaration d'intention était un autre défi : je devais transmettre ma passion, ma vision et des objectifs convaincants

PERSONAL STATEMENT
MFA Painting

I find Art so fascinating that I knew that I wanted to learn more about it, especially painting hence, the reason why I am applying for a place on the master's degree course of Fine Art (MFA Painting) at the Manchester Metropolitan university. I personally believe that Art is the true representation of the saying beauty is in the eye of the beholder' because while a piece of painting could leave a person speechless or overcome with emotion, another person might simply just see the same painting as colours thrown together and therein lays the beauty of art. As well as that, art can be materialised in different ways such as in cooking, music or dancing, art is something that is omnipresent in our everyday life. My artistic portfolio is in Visual Art with completed degrees in Fashion Textile/Technology and Creative Media/Visual Communication which included units such as art/design. While studying, I had the privilege to participate in various fashion competitions such as the Modern Reality Frankfurt, Oxfam Humanitarian and the Bilbao New-York Fashion and Art international competition. Bilbao was my favourite competition as it combined two of my passion fashion and art and the assignment for this was to create a futuristic garment. For the creation of my piece, I drew inspiration from futurist painter/artist Giacomo Balla and architect Santiago Calatrava. While Giacomo use of colours, lights and his strong line of drawing gave my garment the feeling of movement, Santiago sculptural buildings influenced the shapes and folds that were attached to my futuristic creation. I find these two different artists work to be very fascinating and stimulating. As well as futurism, some of the other techniques used in my creations are a mixture of abstract art, constructivism, and art nouveau.

During my time away from studying, I created a small fashion company (McDuthu and Momini) offering services ranging from but not limited to vintage clothing, embellishment while also working as a freelancer visual artist designer offering my skills in homeware and kitchenware designs. My artistic inspiration for my creations leans towards more contemporary, futurism art combined with geometric shapes, and this is represented throughout all my design of handbags, purses, sportswear, womenswear, and menswear. Running my shop while single-handedly taking care of my three young children showed me how resilient I was and that with great organisation skills and a focused mind set I can achieve anything. I take pride in being a self-sufficient learner as I taught myself about photoshop and illustration and this enabled me to gain skills in Digital Art. I also learned how to sew clothes (a skill I am very proud of), this led me to expand my business into childrenswear and making clothes my children. Being the director of my company enabled me to develop my professional skills and gain an upstanding of how to run and operate a small business. I also extended my proficiencies to project management, became more financially astute and grew my interpersonal skill which is essential while dealing my business diverse clients. There are multiple layers to my skills, abilities/capabilities and I hope to be given the opportunity to showcase as well as improve those. Enrolling in fine art is the opportunity for me to do something different yet familiar but essentially it is a way for me to expand my artistic catalogue, improved the skills I already have and finally be able to pursue my dream career. Therefore, my career aspiration after completing the course will be to find a job as an Artist exhibiting. I believe Manchester Metropolitan University (MMU) is the perfect university for me to study my postgraduate degree because it is an international university. MMU will give me the opportunity to study and learn alongside multi-cultured students from around the world. As a previous MMU Alumni will only say great things about the academic staff at MM about their constants support and their investment in all students' academic and professional success. Hence the reason why I wish to be part of such a great learning environment. With the hope in joining the course in September, I thank you for considering my application to your Master Fine Art Painting program at the Manchester Metropolitan university.

LETTRE D'ENTRÉE EN MFA PEINTURE

Je trouve l'art tellement fascinant que je savais que je voulais en savoir plus, surtout la peinture, c'est pourquoi je postule une place au cours de maîtrise en Beaux-Arts MFA Painting à Manchester Metropolitan University. Je crois personnellement que l'art est la véritable représentation du dicton, la beauté est dans l'œil du spectateur, car même si un morceau de la peinture pourrait laisser une personne sans voix ou submergée d'émotion, une autre la personne pourrait simplement voir la même peinture sous forme de couleurs mélangées et c'est là que réside la beauté de l'art. De plus, l'art peut se matérialiser dans de différentes manières, comme dans la cuisine, la musique ou la danse, l'art est quelque chose qui d'omniprésent dans notre vie de tous les jours. Mon portfolio artistique est en arts visuels avec des diplômes et une licence en mode et design. Textile/Technologie et Médias créatifs/Communication visuelle qui comprenait des unités telles que l'art/le design. Pendant mes études, j'ai eu le privilège de participer à divers concours de mode tels que le Modern Reality Frankfurt, Oxfam Humanitaire et International de la Mode et de l'Art Bilbao New-York concours. Bilbao était ma compétition préférée car elle combinait deux de mes passions pour la mode et l'art et la mission était de créer un espace futuriste vêtement. Pour la création de ma pièce, je me suis inspiré du style futuriste le peintre/artiste Giacomo Balla et l'architecte Santiago Calatrava. Tandis que Giacomo l'utilisation des couleurs, des lumières et sa ligne de dessin forte ont donné à mon vêtement le sentiment de mouvement, les bâtiments sculpturaux de Santiago ont influencé les formes et les plis qui étaient attachés à ma création futuriste.

Je trouve ces deux artistes différents et leur travail très fascinant et stimulant. Outre le futurisme, certains dans les autres techniques utilisées dans mes créations sont un mélange d'art abstrait, constructivisme et art nouveau. Pendant mon absence d'études, j'ai créé une petite entreprise de mode (McDuthu et Momini) offrant des services allant de l'art, sans s'y limiter, à vêtements vintage, embellissement tout en travaillant également comme visuel indépendant artiste designer proposant mes compétences en matière de conception d'articles pour la maison et la cuisine. Mon l'inspiration artistique de mes créations est plus contemporaine,
L'art futuriste combiné avec des formes géométriques, et cela est représenté dans toute ma conception de sacs à main, de sacs à main, de vêtements de sport, de vêtements pour femmes et vêtements pour hommes. Gérer ma boutique tout en m'occupant seul de mes trois les jeunes enfants m'ont montré à quel point j'étais résilient et cela avec beaucoup des compétences organisationnelles et un état d'esprit concentré, je peux tout réaliser.

Je prends la fierté d'être une étudiante autonome alors que j'apprenais moi-même Photoshop et l'illustration et cela m'a permis d'acquérir des compétences en Art Numérique. J'ai aussi appris à coudre des vêtements (une compétence dont je suis très fier), cela m'a amené à développer mon entreprise dans les vêtements pour enfants et confectionner des vêtements pour mes enfants. Être le dirigeant de mon entreprise m'a permis de développer mes compétences professionnelles et acquérir une compréhension de la façon de gérer et d'exploiter une petite entreprise. Aussi j'ai étendu mes compétences à la gestion de projet, je suis devenu plus financièrement astucieux et j'ai développé mes compétences interpersonnelles qui sont essentielles pour traiter une clientèle d'affaires diversifiée. Mes compétences comportent plusieurs niveaux de capacités.

Capacités de gérer les conflits et j'espère avoir l'opportunité de me présenter ainsi en tant que tel pour m'améliorer. S'inscrire aux beaux-arts est pour moi l'opportunité de faire quelque chose de différent familier mais c'est essentiellement une façon pour moi d'élargir mon catalogue artistique, amélioré les compétences que je possède déjà et pouvoir enfin poursuivre mon rêve et carrière. Par conséquent, mon aspiration professionnelle après avoir terminé le cours sera pour trouver un emploi d'Artiste exposant. Je crois que Manchester Metropolitan University (MMU) est l'université idéale pour étudier mes études de troisième cycle la maîtrise. Parce que c'est une université internationale. MMU me donnera l'opportunité d'étudier et d'apprendre aux côtés d'étudiants multiculturels du monde entier le monde. En tant qu'une ancienne élève de l'université, je ne dirai que de grandes choses sur le personnel académique et sur leur soutien constant et leur investissement dans la réussite académique et professionnelle de tous les étudiants. D'où la raison pour laquelle je souhaite faire partie d'un environnement d'apprentissage aussi formidable. Avec l'espoir de rejoindre le cours en septembre, je vous remercie d'avoir considéré ma candidature à votre Programme de maîtrise en peinture des beaux-arts du Manchester Metropolitan University.

ACCEPTANCE

The wait for acceptance letters was excruciating. Days turned into weeks, and my anxiety grew with each passing moment. Then, one morning, an email notification changed everything. my heart pounded as I read the words, " we are pleased to inform you that your application was successful, and you receive an unconditional offer" my joy was relief and a sense of accomplishment flooded over me.
My journey was about to begin.

ACCEPTATION

L'attente des lettres d'acceptation était insupportable. Des jours se sont transformé en semaines, et mon anxiété grandissait à chaque fois les moments qui passe. Puis, un matin, un courriel la notification a tout changé. Mon cœur battait à tout rompre J'ai lu les mots : " nous sommes heureux de vous informer que votre candidature a été retenue et vous recevez un offre inconditionnelle", ma joie était un soulagement et un sentiment de l'accomplissement m'a submergé. Mon voyage a été sur le point de commencer.

THE ANSWER OF MY APPLICATION

Acceptance letter that changes my life
Course: MFA Painting 2 years full-time
Dear Mrs Momini
Thank you for your recent application to Manchester Metropolitan University.
We are delighted that we are able to make you an offer. Full details of your offer are set out in the attached offer letter. You will also find attached:
• Key Facts about the course you have been made an offer for
Important Information for Offer Holders.
Please take the time to read carefully your offer letter and other documents attached to
this email.
If your personal details appear to be incorrect or if you have any questions about your
offer, please contact the Postgraduate & Professional Admissions Team.

The offer was: "Congratulation for your unconditional offer"

LA RÉPONSE DE MA CANDIDATURE

Lettre d'acceptation qui change ma vie
Cours : MFA Peinture 2 ans à temps plein
Chère Mme Momini

Merci pour votre récente candidature à la Manchester Metropolitan University. Nous sommes
ravi que nous puissions vous faire une offre. Tous les détails de votre offre sont indiqués dans la lettre d'offre ci-jointe.
Vous trouverez également ci-joint :
• Faits clés sur le cours pour lequel on vous a proposé
Informations importantes pour les détenteurs d'offres
Veuillez prendre le temps de lire attentivement votre lettre d'offre et les autres documents joints à ce courriel.Si vos données personnelles semblent incorrectes ou si vous avez des questions concernant votre Offre, veuillez contacter l'équipe des admissions postuniversitaires et professionnelles.

L'offre était : « Félicitations pour votre offre inconditionnelle »

THE BEGINNING

Stating the MFA program was both exhilarating
and dating. orientation and the initial weeks
involved setting up my studio space, meeting fellow
students and faculty, and getting acquainted with
the curriculum. The first critiques and assignments
set the tone for rigorous and immersive nature
of the program.

"FIRST IMPRESSION"

Arriving at the campus was a whirlwind of
excitement and nerves. The bustling art studios, the
scent of paint and the traces of paint on the wall did
left by the former student, remembered me what
was waiting for me and I was very excited and ready
to start creating abstract painting. the vibrant
community of artists, all of it was exhilarating.

LE DÉBUT

Débuter le programme MFA était à la fois exaltant et des rencontres entre étudiant. L'orientation à la première semaine, j'ai dû aménager mon studio, rencontrer des collègues étudiants et professeurs, et se familiariser avec le cursus. Les premières critiques et missions donner le ton d'une nature rigoureuse et immersive du programme.

"PREMIÈRE IMPRESSION"

L'arrivée au campus a été un tourbillon d'excitation et de nervosité. Les studios d'art animés, des odeurs de peinture et les traces de peinture sur le mur qu'ont fait laisser par d'ancien élèves, je me suis souvenu de quoi m'attendait et j'étais très excité et prêt pour commencer à créer de la peinture abstraite. La vibrante communauté d'artistes, tout cela était exaltant.

INTRODUCTION AND SETUP

"Orientation and set up"

Orientation week was a blur of activities and introduction. We were shown around the campus, introduced to the curriculum, and given our studio spaces. Setting up my studio was a ritual. I arranged my materials hung up inspirational pieces, and prepared for the creative journey ahead.

"Initial Challenges"

The first few weeks were a steep learning curve. Balancing coursework with studio practice challenging. The critiques were intense, and I had to learn to accept and grow from the feedback. Despite the initial hurdles, I was determined to push through

INTRODUCTION ET CONFIGURATION

"Orientation et mise en place"

La semaine d'orientation était un mélange d'activités et d'introductions. On nous a fait visiter le campus, on nous a présenté le programme et on nous a donné nos espaces de studio. Installer mon studio était un rituel. J'ai disposé mes matériaux, accroché des pièces inspirantes et préparé le voyage créatif à venir.

"Les premiers défis"

Les premières semaines ont été une courbe d'apprentissage abrupte. Équilibrer les cours avec la pratique en studio est un défi. Les critiques ont été intenses et j'ai dû apprendre à accepter et à grandir grâce aux commentaires. Malgré les obstacles initiaux, j'étais déterminé à surmonter

DEVELOPING A VOICE

Developing a Unique Artistic Voice one of the key components of the MFA journey was the development of a unique artistic voice. This process involved extensive exploration and experimentation with various techniques, mediums, and styles. The program encouraged pushing boundaries and challenging conventional approches, which was essential in finding my personal expression in Painting.

DÉVELOPPER UNE VOIX

Développer une voix artistique unique L'un des éléments clés du parcours MFA a été le développement d'une voix artistique unique. Ce processus impliquait une exploration et une expérimentation approfondies de diverses techniques, médiums et styles. Le programme encourageait à repousser les limites et à remettre en question les approches conventionnelles, ce qui était essentiel pour trouver mon expression personnelle dans la peinture.

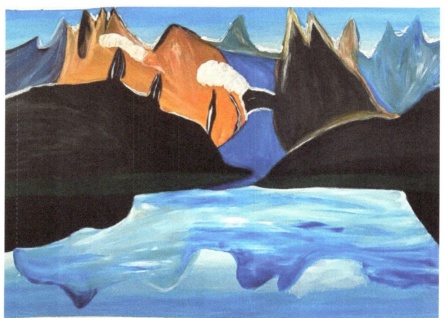

EXPLORATION-EXPERIMENTATION

Show And Tell

**« Before I start the courses, we introduce our work by the studio presentation the show and tell.
The given brief was to present our resent work with non-art object relate to our practice »**

SHOW AND TELL
INTRODUCTION

The History of the Creation

Three in one Acrylic Abstract Art painting on Canvas Call the D.N.A it's all about the creation.

Two acrylic abstract painting on canvas an one acrylic fluid art painting on canvas.

one keys, one Bible.

all those paintings and non art objects represent my current practice.

The Bible represents my spirituality and attached to the object which is represent me.

The Key represents the entrance to my achievement because my only option is success and the key is the access to unlock everything.

EXPLORATION-EXPÉRIMENTATION

MONTRER ET DÉMONTRER

« AVANT DE COMMENCER LES COURS, NOUS PRÉSENTONS NOTRE TRAVAIL PAR LA PRÉSENTATION EN STUDIO, LE SHOW AND TELL. LE MANDAT DONNÉ ÉTAIT DE PRÉSENTER NOTRE TRAVAIL ACTUEL AVEC DES OBJETS NON ARTISTIQUES LIÉS À NOTRE PRATIQUE »

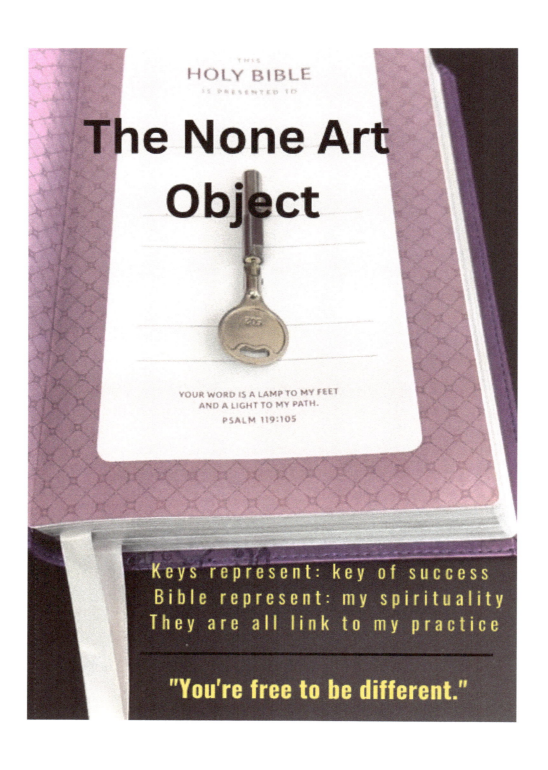

THE D.N.A -1

This painting is the beginning of the creation of Universe. the DNA. where the spirit of the God was fly over my painting it's was just Earth without form and Void
and darkness was on the face of the deep
and the spirit of God was hovering over the face of the water

Acrylic Abstract Painting in Canvas.
60 Cm x 46

EXPLORATION

THE D.N.A -2

Acrylic Fluid Art in painting : 50 cm x 60 cm

The second piece represent the main creation how the light and the darkness was divided to make the morning and evening
over the water, the firmament in the midst of the waters, divided to let place to the heaven, and the dry land Earth and and water seas allp present in this painting.

THE D.N.A -3

The third painting represent the universe itself the works of God the end of creation with light , darkness, heaven, water, Earth, firmament of the heaven and thefort grass, the herb that yield seed.

Oil abstract painting on canvas: 60 cm x 46

Christelle Momini

EXPLORATION

"EXPLORATION"

ARTWORKS CONTAINING RELIGIOUSLY INSPIRED THEMES CAN BE REGARDED AS SPECIAL WINDOWS OPENING ONTO ANOTHER WORLD. THIS WORLD MAY FEEL MUCH LARGER, STRANGER, MORE REAL OR MUCH MORE BEAUTIFUL THAN THE WORLD WE FIND OURSELVE IN, BUT OCCASIONALLY, WE MAY RECOGNIZE IT AND OCCASIONALLY, WE MAY RECOGNIZE IT AND THUS FEEL SAFE. THE INSPIRATION COME FROM THE BIBLE AND THE HISTORY OF THE CREATION TO EXPRESS A TOTAL PERCEPTION, REFERRING TO MAN, SPEAKS OF SUBDUING THE EARTH, AND KEY IS PRECISELY WHAT CHARACTERIZES MAN'S UNDERSTANDING THAT A FORCE OUTSIDE HIMSELF WIELDS DECISIVE POWER TO UNLOCK EVERYTHING. PAINTING IS TO ADRESS OR UNADRESS OUR JOB IS VISUAL SHARP OUR WAY TO PAINT. TALKING ABOUT VISUAL RESPONSES, ABOUT PAINTING IS ALWAYS SITUATIONS. PAINTING IS TO SAY, TO DENOUNCE, TO ANOTHER WORLD. THIS WORLD MAY FEEL MUCH LARGER, STRANGER, MORE REAL OR MUCH MORE BEAUTIFUL THAN THE WORLD WE FIND OURSELVE IN. BUT OCCASIONALLY, WE MAY RECOGNIZE IT AND THUS FEEL SAFE.

EXPLORATION

"EXPLORATION"

LES ŒUVRES D'ART CONTENANT DES THÈMES D'INSPIRATION RELIGIEUSE PEUVENT ÊTRE CONSIDÉRÉES COMME DES FENÊTRES SPÉCIALES OUVRANT SUR UN AUTRE MONDE. CE MONDE PEUT SEMBLER BEAUCOUP PLUS GRAND, PLUS ÉTRANGE, PLUS RÉEL OU BEAUCOUP PLUS BEAU QUE LE MONDE DANS LEQUEL NOUS NOUS TROUVONS, MAIS PARFOIS, NOUS POUVONS LE RECONNAÎTRE ET PARFOIS, NOUS POUVONS LE RECONNAÎTRE ET AINSI NOUS SENTIR EN SÉCURITÉ. L'INSPIRATION VIENT DE LA BIBLE ET DE L'HISTOIRE DE LA CRÉATION POUR EXPRIMER UNE PERCEPTION TOTALE, SE RÉFÉRANT À L'HOMME, QUI PARLE DE SOUMETTRE LA TERRE, ET LA CLÉ EST PRÉCISÉMENT CE QUI CARACTÉRISE LA COMPRÉHENSION DE L'HOMME SELON LAQUELLE UNE FORCE EXTÉRIEURE À LUI EXERCE UN POUVOIR DÉCISIF POUR TOUT DÉBLOQUER. PEINDRE, C'EST ABORDER OU DÉSABORDER NOTRE TRAVAIL, C'EST VISUELLEMENT NOTRE FAÇON DE PEINDRE. PARLER DE RÉPONSES VISUELLES, DE PEINTURE, CE SONT TOUJOURS DES SITUATIONS. PEINDRE, C'EST DIRE, DÉNONCER, UN AUTRE MONDE. CE MONDE PEUT SEMBLER BEAUCOUP PLUS GRAND, PLUS ÉTRANGE, PLUS RÉEL OU BIEN PLUS BEAU QUE LE MONDE DANS LEQUEL NOUS NOUS TROUVONS. MAIS PARFOIS, NOUS POUVONS LE RECONNAÎTRE ET AINSI NOUS SENTIR EN SÉCURITÉ.

ABSTRACT EXPLORATION

My desire was throughout my painting, explore the environment what do the places look like before the creation of the world, how do things on earth function, and what has happened previously.

I find Art so fascinating that I knew that I wanted to learn more about it, especially painting hence the reason why I made decision to study the master's degree course of MA Painting. I personally believe that Art is the true representation of the saying beauty is in the eve of the beholder' because while a piece of painting could leave a person speechless
Or
Overcome with emotion another person might simply just see the same painting as colours thrown together and there in lays the beauty of art.
As well as that, art can be materialised in different ways such as in cooking, music dancing, art is something that is omnipresent in our everyday life. Painting is to address undress our job is visual sharp our way to paint. Talking about visual response, about painting is always situations. Painting is to say, to denounce. To another world This world may feel much larger, stranger, more real or much more beautiful than the world we find ourselves in. but occasionally. We may recognize it and thus feel safe.

EXPLORATION ABSTRAITE

Mon désir était tout au long de ma peinture, d'explorer l'environnement, à quoi ressemblaient les lieux avant la création du monde, comment fonctionnent les choses sur terre et ce qui s'est passé auparavant.
Je trouve l'art si fascinant que je savais que je voulais en savoir plus, en particulier la peinture, d'où la décision d'étudier le cours de maîtrise de MA Painting. Je crois personnellement que l'art est la véritable représentation du dicton "La beauté est à la veille du spectateur", car même si une œuvre de peinture peut laisser une personne sans voix
Où
Submergée par l'émotion, une autre personne pourrait simplement voir le même tableau avec des couleurs mélangées et c'est là que réside la beauté de l'art.
De plus, l'art peut se matérialiser de différentes manières, comme dans la cuisine, la musique, la danse, l'art est quelque chose d'omniprésent dans notre vie quotidienne. Peindre, c'est aborder le déshabillage, notre travail est visuel, notre façon de peindre. Parler de réponse visuelle, de peinture, ce sont toujours des situations. Peindre, c'est dire, dénoncer. Vers un autre monde Ce monde peut sembler beaucoup plus grand, plus étrange, plus réel ou beaucoup plus beau que le monde dans lequel nous nous trouvons, mais occasionnellement. Nous pouvons le reconnaître et ainsi nous sentir en sécurité.

EXPERIMENTATION

Experimentation

To take my work forward, the starting-point of my development is nature. Such as it appears, with its sea, land, sky, tornado, whirwind, mountains, forests and the arrival of Man Marks, the reshaping of the landscape because of painting. Sowing and the construction of roads and dwellings After exploring and develop landscape painting, I expand my curiosity on abstract painting because of a wish for abstraction arises, a desire to create one's own world independently of the limitations imposed by the nature.

EXPÉRIMENTATION

Expérimentation

Pour faire avancer mon travail, le point de départ de mon évolution est la nature. Tel qu'il apparaît, avec sa mer, sa terre, son ciel, sa tornade, son tourbillon, ses montagnes, ses forêts et l'arrivée de l'Homme marque le remodelage du paysage grâce à la peinture. Semis et construction de routes et d'habitations Après avoir exploré et développé la peinture de paysage, j'élargis ma curiosité pour la peinture abstraite car naît un désir d'abstraction, une envie de créer son propre monde indépendamment des limitations imposées par la nature.

RESEARCH ONTO PRACTICE

FEEDBACK AND GROWTH

EXPLORING LIGHT

Compare to my own set of painting in response of the exploration, I found my work very busy to be honest even the idea behind is the same my set of three acrylic texture landscape abstract painting. His work looks very light. From dark to light and represent approximatively what I would like to adresss. His set of paintings was inspired by the book of revelation. Finding new approach on his work, I develop my works in order to found an idea of what I really want to produce. At this point I was not satisty with my work and decided to change the direction of my perception by exploring colours but in abstract painting. Landscape is nature themes and shaped by man. While my inspiration is focus more on the history of the creation. My source of inspiration came from Human Nature the ideas of my painting is to share with the viewer's different side of nature itself. To achieves that, I think about the construction of the abstract painting organization, the structure with the shape, the four corner of the canvas, the colours sections and the colour part, the visual section relationships. As an artist, my goal is to create an Artwork that will inspired other people and make them happy. For me painting is all about exploring light and shadow, both literally and figurative. The way that light can transform a scene and shadow can add depth and mystery really fascinate me. During the development of the techniques, I try to create a unique interplay the balance between light and dark.

RÉTROACTION ET CROISSANCE

EXPLORER LA LUMIÈRE

Comparé à mon propre ensemble de peintures en réponse à l'exploration, j'ai trouvé mon travail très chargé pour être honnête, même l'idée derrière est la même que mon ensemble de trois peintures abstraites de paysage à texture acrylique. Son travail semble très léger. Du sombre au clair et représente approximativement ce que je voudrais aborder. Son ensemble de peintures s'inspire du livre de la révélation. Trouvant une nouvelle approche de son travail, je développe mes œuvres afin de fonder une idée de ce que je souhaite réellement produire. A ce stade, je n'étais pas satisfait de mon travail et j'ai décidé de changer le sens de ma perception en explorant les couleurs mais dans la peinture abstraite. Le paysage est un thème naturel façonné par l'homme. Tandis que mon inspiration se concentre davantage sur l'histoire de la création.

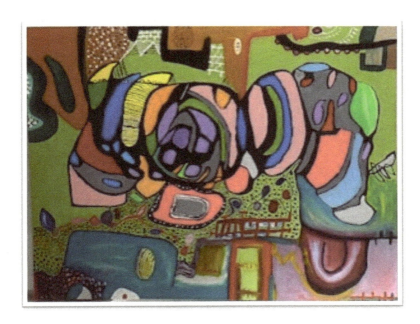

Ma source d'inspiration vient de la nature humaine. L'idée de ma peinture est de partager avec le spectateur les différentes facettes de la nature elle-même. Pour y parvenir, je réfléchis à la construction de l'organisation de la peinture abstraite, à la structure avec la forme, aux quatre coins de la toile, aux sections de couleurs et à la partie couleur, aux relations entre les sections visuelles. En tant qu'artiste, mon objectif est de créer une œuvre d'art qui inspirera les autres et les rendra heureux. Pour moi, peindre consiste à explorer la lumière et l'ombre, au propre comme au figuré. La façon dont la lumière peut transformer une scène et l'ombre peut ajouter de la profondeur et du mystère me fascine vraiment. Lors du développement des techniques, j'essaie de créer un jeu unique d'équilibre entre la lumière et l'obscurité.

ABOUT PAINTING PROGRAM

Experimenting Painting

The MFA program encouraged experimentation. I delved into different techniques, from abstract expressionism to realism, and explored various mediums. This period of exploration was crucial in finding my artistic voice. I was influenced by the works of contemporary arises, as well as the classics.

À PROPOS DU PROGRAMME DE PEINTURE

Expérimenter la peinture

Le programme MFA encourageait l'expérimentation. J'ai exploré différentes techniques, de l'expressionnisme abstrait au réalisme, et j'ai exploré divers médiums. Cette période de l'exploration a été cruciale pour trouver ma voix artistique. J'ai été influencé par les travaux du contemporain surgit, ainsi que les classiques.

DEVELOPMENT AFTER FEEDBACK

I am fascinated by how colour can affect our emotions. Looking at this painting, I wanted to expand the colours, more light I was happy with this first experience but after my tutorial with my peers, I must change the direction again to another direction but stay in colour because for me, there is no painting without colour. Painting is colours value, materials value, discipline value. I was fascinated about Amy Sillman "painting Beyond itself" Colour.

Fig 8 Emy Sillman New Land
Fig 9 The Promise Land

Emy Sillman's The New Land creates a landscape of fragments, where shapes and colours converge as independent forms, never quite resolving. She addresses her canvas with painter's Heart-felt affection, each gesture becomes pink ground, elongated stripes of green congesgate with animate integrity, vibrating against patches of electric uranate, and of SCL by contradictory suggestions of spindly flowers and figures. As layers overlap and forms collide, Sillman's painting descends into a wonder of action and associative reference where bodily experience, memory and perception tangle together.

DÉVELOPPEMENT APRÈS RÉTROACTION

Je suis fasciné par la façon dont la couleur peut affecter nos émotions. En regardant ce tableau, j'avais envie d'élargir les couleurs, plus de lumière. J'étais content de cette première expérience mais après mon tuto avec mes pairs, je dois encore changer de direction dans une autre direction mais rester en couleur car pour moi, il n'y a pas de peinture sans couleur. La peinture est une valeur de couleurs, une valeur de matériaux, une valeur de discipline. J'étais fasciné par le fait qu'Amy Sillman "peignait Beyond yourself" Colour.
Fig 8 Nouvelle terre d'Emy Sillman
Fig 9 La Terre Promise
The New Land d'Emv Sillman crée un paysage de fragments, où les formes et les couleurs convergent en tant que formes indépendantes, sans jamais vraiment se résoudre. Elle aborde sa toile avec l'affection sincère du peintre, chaque geste devient fond rose, des rayures allongées de vert congesgate avec une intégrité animée, vibrant contre des taches d'uranate électrique, et de SCL par des suggestions contradictoires de fleurs et de figures grêles. Alors que les couches se chevauchent et que les formes entrent en collision, la peinture de Sillman descend dans une merveille d'action et de référence associative où l'expérience corporelle, la mémoire et la perception s'entremêlent.

STUDIO LIFE

Long hours in the studio became the norm. There were nights when I lost track of time, completely absorbed in my work and get lock inside by the security. the solitude of the studio allowed me to connect deeply with my art, but it also meant sacrifices in my personal life. to stay focused on my objectives set for my entry into MFA, I was forced to close the shop I had during the week from Monday to Friday to fully dedicate myself to my courses. despite the challenges, the studio became my sanctuary.

VIE D'ATELIER

Les longues heures passées en studio sont devenues la norme. Il y avait des nuits où je perdais la notion du temps, complètement absorbé par mon travail et me retrouvais enfermé à l'intérieur par la sécurité. La solitude de l'atelier m'a permis de me connecter profondément à mon art, mais cela impliquait aussi des sacrifices dans ma vie personnelle. Pour rester concentré sur mes objectifs fixés pour mon entrée en MFA, j'ai été contraint de fermer la boutique que j'avais la semaine du lundi au vendredi pour me consacrer pleinement à mes cours. Malgré les défis, le studio est devenu mon sanctuaire,

THE STRUGGLE AND SELF-DOUBT

The journey was not without its struggles. Balancing the demands of the program with financial pressures,
personal sacrifices, and moments of self-doubt was challenging. However, these difficulties also fostered resilience
and determination, reinforcing my commitment to my art. There were moments of profound

SELF-DOUBT

questioned my talent, my vision, and my choice to pursue an MFA. These periods of uncertainty were difficult,
but they also forced me to dig deeper and reaffirm my commitment to painting.

FINANCIAL AND SOCIAL SACRIFICES

Financial struggles were a constant companion. Balancing the opening of my shop only one day a week with the
demands of the program and customer was exhausting. Social life took a backseat as I devoted more time to my art. relationships with family and friends were strained, but I knew the sacrifices were necessary

MENTAL HEALTH

The emotional toll of the program was significant. Stress and anxiety often threatened to
overwhelm me. however, I found ways to cope through meditation, night out break with a peer, exercise and seeking support from my peers. Maintaining mental health was crucial to
sustaining my energy.

THE IMPACT ON RELATIONSHIPS IN MY PERSONAL LIFE

My relationship with my family was profoundly impact by my MFA journey. I ended up getting
divorced from my husband, and my friends started to avoid me because I no longer had time to spend
with them as I did before. Throughout it all, the unwavering support from God and my children, who are proud of me today, was my saving grac

LA LUTTE ET LE DOUTE DE SOI

Le voyage ne s'est pas déroulé sans difficultés. Équilibrer les exigences du programme avec les pressions financières,
Les sacrifices personnels et les moments de doute de soi étaient un défi. Cependant, ces difficultés ont également favorisé la résilience et de détermination, renforçant mon engagement envers mon art. Il y a eu des moments de profonde

LE DOUTE DE SOI

Remettre en question mon talent, ma vision et mon choix de poursuivre un MFA. Ces périodes d'incertitude ont été difficiles, mais ils m'ont aussi forcé à creuser plus profondément et à réaffirmer mon attachement à la peinture.

SACRIFICES FINACIERS ET SOCIAUX

Les difficultés financières étaient un compagnon constant. Équilibrer l'ouverture de ma boutique un seul jour par semaine avec les exigences du programme et du client étaient épuisantes. La vie sociale est passée au second plan alors que je consacrais plus de temps à mon art. les relations avec ma famille et mes amis étaient tendues, mais je savais que les sacrifices étaient nécessaires

SANTÉ MENTALE

Le bilan émotionnel du programme a été important. Le stress et l'anxiété menaçaient souvent de m'accabler. Cependant, j'ai trouvé des moyens de m'en sortir grâce à la méditation, aux sorties nocturnes avec un mes pairs, faire de l'exercice et rechercher le soutien de mes pairs. Le maintien de la santé mentale était crucial pour maintenir mon énergie.

L'IMPACT SUR LES RELATIONS DANS MA VIE PERSONNELLE

Ma relation avec ma famille a été profondément influencée par mon parcours MFA. J'ai fini par avoir divorcé de mon mari et mes amis ont commencé à m'éviter parce que je n'avais plus de temps leur consacrer avec eux comme je le faisais auparavant. Tout au long de tout cela, le soutien indéfectible de Dieu et de mes enfants, qui sont fière de moi aujourd'hui, c'était ma grâce salvatrice.

BREAKTHROUGHS
"Artistic Milestones"

Despite the challenges, there were significant breakthroughs and milestones. Certain pieces marked significant progress in my artistic journey, marked pivotal moments in development, receiving positive feedback and reinforcing my direction and shaping my identity as an artist.

These achievements were deeply satisfying and motivating, serving as validation of my hard work and dedication.

PERCÉES
"Jalons artistiques"

Malgré les défis, des avancées et des étapes importantes ont été franchies. Certaines pièces ont marqué des progrès significatifs dans mon parcours artistique, marqué des moments charnières de mon développement, recevant des retours positifs et renforçant mon orientation et façonnant mon identité d'artiste.

Ces réalisations ont été profondément satisfaisantes et motivantes, validant mon travail acharné et mon dévouement.

PERSONAL GROWTH

"Personal Growth"

The MFA journey was not just about artistic development; it
was also about personal growth I became more resilient, more self-aware, and more confident in my abilities. Each small victory was a reminder of why I started this journey.

COMMUNITY AND SUPPORT

Building a community of support was essential. Fellow student became friends and collaborators.
Share ideas,
provided feedback through the group critique, and supported
each other through the ups and downs. this sense of community
was invaluable

CROISSANCE PERSONNELLE
"Croissance personnelle"

Le parcours du MFA n'était pas seulement une question de développement artistique ; il c'était aussi une question de croissance personnelle, je suis devenu plus résilient, plus conscient de moi-même et plus confiant en mes capacités. Chaque cette petite victoire m'a rappelé pourquoi j'ai commencé ce voyage.

COMMUNAUTÉ ET SOUTIENConstruire une communauté de soutien était essentiel. Compagnon
L'étudiant est devenu amis et collaborateurs. Partager des idées, fourni des commentaires à travers la critique de groupe et soutenu les uns les autres à travers les hauts et les bas. Ce sentiment de communauté était inestimable.

THE THESIS PROJECT

The Thesis Project
"Concept Development"
The thesis project was the culmination of my MFA journey. Conceptualising the project involved extensive brainstorming and planning. I first drew inspiration from the nature and personal experience, artistic influence and the feedback I had received throughout the program,

EXECUTION

Executing the thesis project was an intense process. There were moments of doubt and frustration, but also, moments of clarity and inspiration. I pushed myself to the limits, experimenting with techniques and pushing my creative boundaries

ADJUSTEMENTS AND REFINEMENT

Feedback was crucial in refining the thesis project. professors and peers provided
valuable insights, helping me make necessary adjustments. the final touches were meticulously, ensuring that the project reflected my artistic vision.

LE PROJET DE THÈSE

Le projet de thèse
"Développement de concept"
Le projet de thèse était le point culminant de mon MFA voyage. La conceptualisation du projet a nécessité de nombreuses réflexion et planification. Je me suis d'abord inspiré de la nature et l'expérience personnelle, l'influence artistique et les retours que j'avais reçus tout au long du programme,

EXÉCUTION

La réalisation du projet de thèse a été un processus intense. Il y a eu des moments de doute et de frustration, mais aussi, des moments de clarté et d'inspiration. J'ai poussé moi-même jusqu'aux limites, expérimentant des techniques et repousser mes limites créatives

AJUSTEMENTS ET RAFFINEMENT

Les retours ont été cruciaux pour affiner le projet de thèse. Professeurs et pairs fournis des informations précieuses, m'aidant à faire les ajustements nécessaires. Les touches finales ont été méticuleusement, en veillant à ce que le projet reflète ma vision artistique.

CULTURE AND CONTEXT UNIT 2022-2023
NEGOTIATED STUDY: IG/Vo016_1
ABSTRACT

HOW PAINTING CAN ASSIST US WITH OUR WELL-BEING TO RELIVE THE NEGATIVE IMPACT OF ENVIRONMENTAL CONCERN AND CLIMATE CHANGE?

For me, practicing painting is a powerful way to express myself, relieve stress. And one of the most important ways to connect with opters, process my emotions and feelings, and help me understand my surroundings. It helps you understand. When I went to the gallery. I always spent my time looking at paintings. But especially landscape paintings, I made before starting the course, beach and sea.
The first painting that I made while thinking of the holidays and I analysed them, and they gave me a new approach to the language of fine arts.

UNITÉ CULTURE ET CONTEXTE 2022-2023
ETUDE NÉGOCIÉE : IG/Vo016_1
ABSTRAIT

COMMENT LA PEINTURE PEUT-ELLE NOUS AIDER À NOTRE BIEN-ÊTRE POUR REVIVRE L'IMPACT NÉGATIF DES PRÉOCCUPATIONS ENVIRONNEMENTALES ET DU CHANGEMENT CLIMATIQUE ?

Pour moi, pratiquer la peinture est un moyen puissant de m'exprimer, d'évacuer le stress. Et c'est l'un des moyens les plus importants de me connecter avec les opter, de traiter mes émotions et mes sentiments et de m'aider à comprendre mon environnement. Cela vous aide à comprendre. Quand je suis allé à la galerie. J'ai toujours passé mon temps à regarder des peintures. Mais surtout des peintures de paysages, que j'ai réalisées avant de commencer le cours, plage et mer.
Le premier tableau que j'ai réalisé en pensant aux vacances et je les ai analysés, et ils m'ont donné une nouvelle approche du langage des beaux-arts.

THE RESIDENCY

LA JOYA ARTIST RESIDENCY RESEARCH TRIP

For my self-direction project, I chose to explore a negotiated study. We went on a research trip to La Ioya in Spain, where I found inspiration for my self-direction and artistic style. There, I delved into the themes of Art and Science, particularly focusing on Art, Air and Ecology.

LA RÉSIDENCE

RÉSIDENCE D'ARTISTE LA JOYA
VOYAGE DE RECHERCHE

Pour mon projet d'autodirection, j'ai choisi d'explorer une étude négociée. Nous avons fait un voyage de recherche à La Joya en L'Espagne, où j'ai trouvé l'inspiration pour mon autonomie et mon style artistique. Là, j'ai plongé dans les thèmes de l'Art et la science, en se concentrant particulièrement sur l'art, l'air et l'écologie.

EVALUTION

**As a multidisciplinary Artist Painter focus on Abstract - expressionism
painting, the inspiration of my works found anywhere and everywhere
from human nature, environmental, ecology travel, climate change,
neuroscientists, feeling, emotion, specialism from my imagination.
Bellow my works, the colours and repeat line signification represent
actions emotions and thoughts of neuroscience (Figure 3) to create work
of Fine Art that celebrate the brain and the works fuse Art and Science.**

ÉVALUATION

En tant qu'artiste peintre multidisciplinaire, je me concentre sur l'abstrait - l'expressionnisme la peinture, l'inspiration de mes œuvres trouvée partout et partout de la nature humaine, de l'environnement, des voyages écologiques, du changement climatique, neuroscientifiques, ressenti, émotion, spécialité issue de mon imagination. Sous mes œuvres, les couleurs et la signification des lignes répétées représentent actions, émotions et pensées des neurosciences (Figure 3) pour créer du travail des Beaux-Arts qui célèbrent le cerveau et les œuvres fusionnent Art et Science.

UTOPIA

As I paint to denounce, I use abstract Art painting to achieve my goal because abstract art can create a profound impression on a viewer even if it is not explicit pointing to something specific. Abstract work allows people the freedom to assign their own meaning to the work, whilst having a dramatic impact on that individual. Abstract art is where we began and where we have returned. It makes our brains hurt, but in all the right ways, force us to see, and think differently. In my painting, elements are included not as visual reproductions of objects, but as reference or clues to how I conceptualize objects over abstract art.
As an artist, I give everything to brain expects and knows automatically how to handle. it looks like real live. That is the reason why my work will never look similar as I am an interdisciplinary Painter who's paint for purpose.

The main purpose of this unit is the culture and context of reliving environmental concerns and the negative effects of climate change and how painting can help our well-being. My previous research was on human nature and insights into human nature. We can find happiness, society, culture and tradition. And culture had language, religion, climate, tradition, and history.
According to my research on Wikipedia, "Culturology is the socio-humanitarian science that studies the development and existential impact of spiritual and material culture in human societies.
It's made me realize this painting Utopia
I produced this painting from my imagination.

UTOPIE

Comme je peins pour dénoncer, j'utilise la peinture d'Art abstrait pour atteindre mon objectif car l'art abstrait peut créer une profonde impression sur un spectateur même s'il ne l'est pas. Explicite pointant vers quelque chose de spécifique. Le travail abstrait donne aux gens la liberté donner leur propre sens à l'œuvre, tout en ayant un impact dramatique sur cet individu. L'art abstrait est notre point de départ et notre retour. Il nous fait mal au cerveau, mais de toutes les bonnes manières, nous force à voir et à penser différemment. Dans ma peinture, les éléments ne sont pas inclus comme des reproductions visuelles de objets, mais comme référence ou indices sur la façon dont je conceptualise les objets par rapport à l'art abstrait. En tant qu'artiste, je donne tout ce que le cerveau attend et sait automatiquement comment poignée. Ça ressemble à du vrai live. C'est la raison pour laquelle mon travail n'aura jamais l'air de la même manière, je suis un peintre interdisciplinaire qui peint à dessein.

L'objectif principal de cette unité est la culture et le contexte de revivre les préoccupations environnementales et les effets négatifs du changement climatique et comment la peinture peut contribuer à notre bien-être. Mes recherches précédentes portaient sur la nature humaine et un aperçu de la nature humaine. Nous pouvons trouver le bonheur, la société, la culture et tradition. Et la culture avait une langue, une religion, un climat, une tradition et une histoire. D'après mes recherches sur Wikipédia, « la culturologie est l'approche socio-humanitaire science qui étudie le développement et l'impact existentiel de la vie spirituelle et culture matérielle dans les sociétés humaines. Ça m'a fait réaliser ce tableau Utopia J'ai réalisé ce tableau à partir de mon imagination.

HOW PAINTING CAN ASSIST US WITH OUR WELL-BEING TO RELIVE THE NEGATIVE IMPACT OF ENVIRONMENTAL CONCERN AND CLIMAT CHANGE?

INSPIRATION

This painting represents a set of value and imagination of a way of being and organizing human life creativity and activities like a church that develop with the world. All culture affects emotions like happiness and fear and obsession, love and rejection, well-being and are sometimes perceived a fundamental aspect of the human experience. I always be fascinated by the question of non-human world until I take a trip to Joya Spain. Joya the place refers to nature defined as non-human population where the inspiration grows and contribute to our well-being. Emotion and feeling. Joya air gave me the deep understanding of how painting can connect to science ecologically to resolve a problem related to our health and wellbeing to found balance without taking discomfort on climate change and environmental impact.
I started my project focused on the interpretation cultural objects in painting with the method of observational and environmental using novel platform like landforms, the climate changing, the air the natural vegetations like flowers and trees around the mountains.

Collecting stone from different colours to build the colours pallet base on the environmental and event related potentials to explore how interpersonal variability can affected people mental health and improve the brain function due to the climate change and how it may affect on learning outcomes, lifestyle and decision making. To achieve this, I am starting by observed the landscape, inspired by the landforms, shape. Line natural colours, air mountains, space around the bush. Inspired by the ecological and environmental to produce a series of mixed and different painting from ecology, environmental, climate change and Neurological painting.
For me, they're all link to the brain. Wellbeing and science and all of theme call human nature.
My starting point, my series of painting engages with the inspiration I got during my residency stay in Joya Air from my artistic viewpoint to find engagement. Connections and dialogues with the fine art my painting could connect to science.

COMMENT LA PEINTURE PEUT-ELLE NOUS AIDER À NOTRE BIEN-ÊTRE POUR REVIVRE L'IMPACT NÉGATIF DES PRÉOCCUPATIONS ENVIRONNEMENTALES ET DU CHANGEMENT CLIMATIQUE ?

INSPIRATION

Cette peinture représente un ensemble de valeurs et d'imagination d'une manière d'être et d'organiser la créativité et les activités de la vie humaine comme une église qui se développe avec le monde. Toute culture affecte des émotions comme le bonheur, la peur et l'obsession, l'amour et le rejet, le bien-être et est parfois perçue comme un aspect fondamental de l'expérience humaine. J'ai toujours été fasciné par la question du monde non humain jusqu'à ce que je fasse un voyage à Joya en Espagne. Le lieu Joya fait référence à la nature définie comme une population non humaine dont l'inspiration grandit et contribue à notre bien-être. Émotion et sentiment. Joya Air m'a permis de comprendre profondément comment la peinture peut se connecter à la science de manière écologique pour résoudre un problème lié à notre santé et à notre bien-être afin de trouver un équilibre sans ressentir d'inconfort face au changement climatique et à l'impact environnemental.

J'ai commencé mon projet axé sur l'interprétation d'objets culturels en peinture avec la méthode d'observation et environnementale en utilisant de nouvelles plates-formes comme les reliefs, le changement climatique, l'air et la végétation naturelle comme les fleurs et les arbres autour des montagnes.
Collecter des pierres de différentes couleurs pour construire la base de la palette de couleurs sur les potentiels environnementaux et liés aux événements afin d'explorer comment la variabilité interpersonnelle peut affecter la santé mentale des personnes et améliorer la fonction cérébrale en raison du changement climatique et comment elle peut affecter les résultats d'apprentissage, le style de vie et la décision.
Fabrication pour y parvenir, je commence par observer le paysage, en m'inspirant des reliefs, des formes. Tapisser des couleurs naturelles, des montagnes aériennes, de l'espace autour de la brousse. Inspiré par l'écologie et l'environnement pour produire une série de peintures mixtes et différentes issues de l'écologie, de l'environnement, du changement climatique et de la peinture neurologique.
Pour moi, ils sont tous liés au cerveau. Le bien-être, la science et tous les thèmes appellent la nature humaine.
Mon point de départ, ma série de peintures s'appuie sur l'inspiration que j'ai reçue lors de mon séjour de résidence à Joya Air de mon point de vue artistique pour trouver un engagement. Connexions et dialogues avec les beaux-arts, ma peinture pourrait se connecter à la science.

RESIDENCY STUDIO WORK AT LA JOYA

Inspiration from Landscape and space
Below the development of my works, I produce in the studio practice where I explore a new way of interpretation of the landscape from artistically and the landform using abstract and impressionism method and combine emotion and feeling though my new approach of the series of my paintings.
Those are the painting I produce in the studio during my stay at Joya based on my imagination from what I previously view.

TRAVAIL EN RÉSIDENCE EN STUDIO À LA JOYA

Inspiration du paysage et de l'espace
Au-dessous du développement de mes œuvres, je produis en studio où j'explore une nouvelle façon d'interprétation artistique du paysage et du relief en utilisant la méthode abstraite et impressionniste et combine l'émotion et le sentiment à travers ma nouvelle approche de la série de mes peintures.
Ce sont les tableaux que je réalise en atelier pendant mon séjour à Joya en fonction de mon imagination à partir de ce que j'ai vu auparavant.

I PAINT FOR PURPOSE

The main purpose of my work is abstraction painting not to address this time by to
encourage involvement and imagination. I want to provoke from the viewers brain an
intangible and emotional experience, being completely different for each individual,
depending on their personal and mood, when looking at my painting. My recent work was
focus on Human Nature, it allowed me to find out what need to happen on the surface
trough the act of making the painting.

JE PEINS POUR UN BUT

Le but principal de mon travail est la peinture abstraite, non pas pour aborder cette fois-ci par encourager l'implication et l'imagination. Je veux provoquer du cerveau du spectateur un expérience intangible et émotionnelle, complètement différente pour chaque individu, en fonction de leur personnalité et de leur humeur, lorsqu'ils regardent ma peinture. Mon travail récent était me concentrer sur la nature humaine, cela m'a permis de découvrir ce qui devait se passer en surface à travers l'acte de réaliser le tableau.

ARTIST RESEARCH AND IMPLEMENTATION

ARTISTS WHO'S INSPIRED ME DURING MY JOURNEY IN THE STUDY.

Doctor Greg DUNN applied physicist created self-reflected to elucidate the nature of human consciousness, bringing the microscopic behaviour of neurons. Amygdala influence me my shape and ligne to produce this painting.

RECHERCHE ET MISE EN ŒUVRE D'ARTISTES

ARTISTES QUI M'ONT INSPIRÉ PENDANT MON VOYAGE DANS L'ÉTUDE.

Le docteur Greg DUNN, physicien appliqué, a créé une réflexion sur lui-même pour élucider la nature de la conscience humaine, en mettant en lumière le comportement microscopique des neurones. L'amygdale m'influence sur ma forme et ma ligne pour réaliser ce tableau.

Those two artworks remind me that the most marvelous machine in the known univers is at core of our being and is the root of our shared humanity.

Ces deux œuvres me rappellent que la machine la plus merveilleuse de l'univers connu est au cœur de notre être et est la racine de notre humanité commune.

ARTIST REGINA VALLUZZI NEUROLOGY PAINTING AND ME

**SALIZZI is better known for her work in protein biophysics and bio nanotechnology.
She has always pursued her love of art.**

ARTISTE REGINA VALLUZZI NEUROLOGIE PEINTURE ET MOI

SALIZZI est mieux connue pour ses travaux en biophysique des protéines et en bio nanotechnologie.
Elle a toujours poursuivi son amour de l'art.

COLOURS INSPIRATION BY PSYCHOLOGY COLOURS

THE THEORY OF COLOURS

ARTIST RESEARCH:

DR JO Clements
Artist and coach explore the relationship between the hand made and digital world with emphasis on AI and VR.

GOETHE
On the psychology of colour and emotion 'colour itself is a degree of darkness'
ARTHUR SCHOPENHAUER. KURT GÖDEL, LUDWIG WITTGENSTEIN artists and Philosophers, Physicists and scientists their treatises on the nature.
 Function and psychology of colours, I research those artists to learn and understand the psychology of colour to apply then effectively to produce the painting that got a potential to create feeling and increase emotions.

INSPIRATION DES COULEURS PAR LA PSYCHOLOGIE COULEURS

LA THÉORIE DES COULEURS

RECHERCHE D'ARTISTES :

DR JO Cléments
L'artiste et le coach explorent la relation entre le monde fait main et le monde numérique en mettant l'accent sur l'IA et la réalité virtuelle.

GOETHÉ
Sur la psychologie de la couleur et de l'émotion, « la couleur elle-même est un degré d'obscurité »
ARTHUR SCHOPENHAUER. KURT GÖDEL, LUDWIG WITTGENSTEIN artistes et philosophes, physiciens et scientifiques leurs traités sur la nature.
 Fonction et psychologie des couleurs, je recherche ces artistes pour apprendre et comprendre la psychologie des couleurs à appliquer ensuite efficacement afin de produire une peinture qui a le potentiel de créer des sentiments et d'augmenter les émotions.

CONTEMPORARY ARTIST PAINTER INFLUENCE AND MY WORK

PHOEBE UNWIN'S painting explores perceptions of everyday experience
"The man's body" the flowers, the gingham shirt and background are becoming interchangeable open forms.

INFLUENCE ARTISTE PEINTRE CONTEMPORAIN ET MON TRAVAIL

La peinture de PHOEBE UNWIN explore les perceptions de l'expérience quotidienne
« Le corps de l'homme », les fleurs, la chemise vichy et le fond deviennent des formes ouvertes interchangeables.

THE ARTIST WITH THE MOST IDEAS RELATE TO MY PRACTICE IDA EKBLAD

The artist painter IDA EKBLAD had the most similar painting like mine with texture. Line, form, colours and response outcome.

L'ARTISTE AVEC LE PLUS D'IDÉES PAR RAPPORT À MON PRATIQUE IDA EKBLAD

L'artiste peintre IDA EKBLAD avait la peinture la plus similaire à la mienne avec la texture. Ligne, forme, couleurs et résultat de la réponse.

ART, AIR, ECOLOGY

CONCLUSION

**As an artist, creating have being part of my imagination from over ten years and since I joint the course, I decided to challenge myself by painting before research the artist relate to my own method. I start any project by collecting material, using my imaginations to figure out my understanding according to the project matter, I paint until I paint myself out. Research artist when I stock. Then, touch and go.
I think artist should not copy or steal from another artist. Artist should create so I am a creator.
I MAKE THINGS HAPPENED!!!
However, now I have I deep understanding and experience to human and non-human nature and, I think to take this research further by continue next year for a PhD Research on Art and Humanity or a Doctoral Practice in Neuroscience painting.**

ART, AIR, ÉCOLOGIE

CONCLUSION

En tant qu'artiste, la création fait partie de mon imaginaire depuis plus de dix ans et depuis que j'ai rejoint le cursus, j'ai décidé de me lancer un défi en peignant avant de rechercher l'artiste en relation avec ma propre méthode. Je commence n'importe quel projet en collectant du matériel, en utilisant mon imagination pour déterminer ma compréhension en fonction du sujet du projet, je peins jusqu'à ce que je me peigne. Artiste de recherche quand je stocke. Ensuite, touchez et partez.
Je pense qu'un artiste ne devrait pas copier ou voler un autre artiste. L'artiste doit créer, donc je suis un créateur.
JE FAIS ARRIVER LES CHOSES !!!
Cependant, j'ai maintenant une compréhension et une expérience profondes de la nature humaine et non humaine et je pense pousser cette recherche plus loin en poursuivant l'année prochaine pour un doctorat en recherche sur l'art et l'humanité ou une pratique doctorale en peinture en neurosciences.

PARIS RESIDENCY

Paris Residency at Thuillier Gallery

After winning the International Contemporary Artist of Europe Awards 24, the
Gallery gives me an opportunity to come for 2 Weeks Residency in Paris.
I began a residency at the gallery where I gained invaluable insights into the
operations of an art gallery, learning about artist management, exhibition planning,
and the intricacies of running an Amal art gallery.

RÉSIDENCE PARISIENNE

Résidence parisienne à la Galerie Thuillier

Après avoir remporté les International Contemporary Artist of Europe Awards 24, le
Gallérie me donne l'opportunité de venir en résidence de 2 semaines à Paris.
J'ai commencé une résidence à la galerie où j'ai acquis des connaissances inestimables sur le
Fonctionnement d'une galerie d'art, apprentissage de la gestion d'artistes, de la planification d'expositions, et les subtilités de la gestion d'une galerie d'art Amal.

SELF DIRECTION STUDY

Self-Direction Study
Project Proposal Practice research
The work of those three artists inspires me a lot and strive me with new approach Emy
Sillman with her combination of shape and colour, Victoria Morton with mixed colours
and Helen Frankenthaler with mixed and very light quantity apply on canvas.
I see painting differently now and is an opportunity to me to capture a moment in
time and transfer somewhere on the paper otherwise it could be lost forever.
Whether a specific place, a person or just a feeling, I want my paintings to act as time
capsules that preserve these things for future generations. I want my viewers to be
transported to another place even if only for a moment

ÉTUDE D'AUTO- DIRECTION

Étude d'autodirection
Recherche pratique de proposition de projet
Le travail de ces trois artistes m'inspire beaucoup et m'encourage avec une nouvelle approche Emy
Sillman avec sa combinaison de formes et de couleurs, Victoria Morton avec ses couleurs mélangées et Helen Frankenthaler avec une quantité mixte et très légère appliquée sur toile.
Je vois la peinture différemment maintenant et c'est l'occasion pour moi de capturer un instant temps et transfert quelque part sur le papier, sinon il pourrait être perdu à jamais.
Qu'il s'agisse d'un lieu précis, d'une personne ou simplement d'un sentiment, je veux que mes peintures agissent comme du temps des capsules qui préservent ces choses pour les générations futures. Je veux que mes téléspectateurs soient transportés vers un autre endroit, ne serait-ce que pour un instant.

STATEMENT OF MY WORK
PRACTICE I
STATEMENT OF MY WORK
WORK DESCRIPTION
THE DNA THE 3 IN 1 PAINTING FROM DARK TO LIGHT
INSPIRATION OF THE WORK
HUMAN NATURE

My inspiration for these painting come from the human nature. The general psychological characteristics, feelings and behavioural traits of humankind. Regarded as shared by all humans. The Tornado in the City, the Death Sea and the Whirlwind to produce with a clean line. Natural shape colour and shape, combine by all the artist with colour.

MATERIALS:

Kitchen foil, PVA Glue, acrylic paint, large canvas handmade stretcher in the workshop studio, large, big brunches, knife, fine brunches, wood, hammer, screw.

PROCESS:

These light and dark abstract art painting are creating by using hand-crafted with non-toxic, odourless safe and reliable white pine and beautiful organic canvas made sloid for the highest quality installation. Using clear sizing professional acrylic size apply on the surface and edges raw to give natural organic element to each canvas then, skilfully paint the surface with a professional acrylic gesso and apply two coats of professional acrylic size to make high key white absorbent painting ground before starting painting. We finish all our original and organic with a titanium white acrylic primer over the dried coats of professional acrylic size to make high key white absorbent painting ground before starting painting. We finish all our original and organic abstract art painting large space with acrylic paint carefully mixed-up colour by us. For the high-end art painting.

THE DNA FROM DARK TO LIGHT

The Death Sea (2022)
Medium: mixed media painting Dark
Dimensions: 170 cm x 100 cm
Acrylic painting on Organic stretching canvas

THE DNA FROM DARK TO LIGHT

The WHIRLWIND (2022)
Medium: Acrylic painting on organic canvas
home made stretching canvas
Dimensions: 170 cm X 100 cm

THE DNA FROM DARK TO LIGHT

THE TORNADO (2022)
MEDIUM: ACRYLIC PAINTING ON STRETCHING CANVAS
DIMESIONS: 200 CM X 130 CM

DÉCLARATION DE MON TRAVAIL
PRATIQUE I
DÉCLARATION DE MON TRAVAIL
DESCRIPTION DU TRAVAIL
L'ADN LA PEINTURE 3 EN 1 DU FONCÉ AU CLAIR
INSPIRATION DE L'ŒUVRE
NATURE HUMAINE

Mon inspiration pour ces peintures vient de la nature humaine. Les caractéristiques psychologiques générales, les sentiments et les traits comportementaux de l'humanité. Considéré comme partagé par tous les humains. La Tornade dans la Ville, la Mer de la Mort et le Tourbillon pour produire avec une ligne épurée. Couleur et forme naturelles, combinées par tous les artistes avec la couleur.

MATÉRIELLES :

Film de cuisine, colle PVA, peinture acrylique, grand châssis en toile fait main en atelier, gros, gros brunchs, couteau, brunchs fins, bois, marteau, vice.

PROCESSUS :

Ces peintures d'art abstrait clair et sombre sont créées en utilisant du pin blanc non toxique, inodore, sûr et fiable et une belle toile organique fabriquée en solide pour une installation de la plus haute qualité. À l'aide d'un encollage acrylique professionnel transparent, appliquez sur la surface et les bords bruts pour donner un élément organique naturel à chaque toile, puis peignez habilement la surface avec un gesso acrylique professionnel et appliquez deux couches d'encollage acrylique professionnel pour obtenir un fond de peinture blanc absorbant avant de commencer. Peinture. Nous finissons tous nos originaux et organiques avec un apprêt acrylique blanc de titane sur les couches séchées de taille acrylique professionnelle pour créer un fond de peinture absorbant blanc de haute qualité avant de commencer à peindre. Nous finissons toutes nos peintures d'art abstrait originales et organiques pour grand espace avec de la peinture acrylique soigneusement mélangée par nos soins. Pour la peinture d'art haut de gamme.

STATEMENT OF MY WORK

PRACTICE 2

ART-SCIENCE COLLABORATION:

NEW EXPLORATIONS OF ECOLOGICAL SYSTEM, VALUES, AND THEIR APPROACH.

ABSTRACT

Art and science collaborations have emerged as a captivating avenue for exploring
ecological systems, values, and their intricate approach. This dynamic partnership
between disciplines, traditionally considered disparate, has paved the way for novel
insights and perspectives.
By integrating the creative thinking of artists and the analytical approach of
scientists, these collaborations provide a unique platform to delves into complex
ecological issues. This essay delves into the significance benefits and challenges of art-
science collaborations focus on my reflection study journey and illustrating them
potential to deepen our understanding of ecological systems, challenge social values.
and foster a symbiotic relationship between these two realms.
Before I start the MA painting, I was fascinating by art-science really wanted to
understand how art and science can connect or collaborate. My first work on
practice I was focused on the DNA of the creation. And during the study, I produce a
work inspired by the nature and works like neuro- painting, environmental painting,
Utopia, Dystopia and now, the Entropy always try to understand how painting can
assist us with our well-being to relive the negative impact of environmental concern
and climate change by using gestural abstraction and observation painting to achieve
my goal.

Ecology Painting Climate change

The Destroy planet (2023)
Oil on stretching canvas
Dimension: 200cm x 150cm

Ecology Painting Landscape

The Innovative Landscape (2023)
Mixed-Media , Stone Gue, kitchen tissue Oil on stretching canvas
Dimension: 125cm x 170cm

Ecology Painting Entropy

The Space (2023)
Oil on stretching Canvas
Dimension: 200cm X 150cm

DÉCLARATION DE MON TRAVAIL

PRATIQUE 2

COLLABORATION ART-SCIENCE :
NOUVELLES EXPLORATIONS DU SYSTÈME ÉCOLOGIQUE, DE VALEURS ET DE LEURS APPROCHE.

ABSTRAIT
Les collaborations artistiques et scientifiques sont apparues comme une voie captivante pour explorer les systèmes écologiques, leurs valeurs et leur approche complexe. Ce partenariat dynamique entre disciplines, traditionnellement considérées comme disparates, a ouvert la voie à de nouvelles idées et perspectives. En intégrant la pensée créative des artistes et l'approche analytique de scientifiques, ces collaborations fournissent une plate-forme unique pour approfondir des questions complexes enjeux écologiques. Cet essai explore les avantages et les défis importants de l'art. les collaborations scientifiques se concentrent sur mon parcours d'étude et de réflexion et les illustrent potentiel d'approfondir notre compréhension des systèmes écologiques, de remettre en question les valeurs sociales. et favoriser une relation symbiotique entre ces deux domaines. Avant de commencer le MA peinture, j'étais fasciné par l'art et la science, je voulais vraiment comprendre comment l'art et la science peuvent se connecter ou collaborer. Mon premier travail sur Dans la pratique, j'étais concentré sur l'ADN de la création. Et pendant l'étude, je produis un travail inspiré par la nature et des œuvres comme la neuro peinture, la peinture environnementale, L'Utopie, la Dystopie et maintenant l'Entropie tentent toujours de comprendre comment la peinture peut nous aider avec notre bien-être pour revivre l'impact négatif des préoccupations environnementales et le changement climatique en utilisant l'abstraction gestuelle et la peinture d'observation pour réaliser mon objectif.

REFLECTIVE EVALUATION

As an artist, for me art or painting is the best way to communication. "Before humans began to document events with text, they would record historical events with images that was the way people communicate or documented events. Today we will call that form of communication visual art, which can be found hanging on walls at Home, in the office, restaurant, hotel hall and business worldwide".

My artistic practice as a contemporary painting artist is driven by a deep exploration of the human experience, the interplay between perception and emotion, and the ever-evolving nature of our world Through my work, I seek to provoke introspection and challenge preconceived notions, inviting viewers to embark on a visual journey that transcends traditional boundaries. I draw to the expressive power of colours, texture, and composition, employing a dynamic interplay of these elements to create visually arresting and thought-provoking pieces.

Each brushstroke and layer of paint carries intention and meaning, capturing the essence of a moment or a concept and conveying it through a rich visual language. My process is characterized by a constant dialogue between control and spontaneity. I embrace experimentation and embrace the unexpected, allowing the painting to unfold organically. This approach lends a sense of energy and vitality to my work, creating a palpable tension that captivates the viewer's attention and invites them to engage on multiple levels.

Themes of identity, Ecology, connectivity, and the relationship between the individual and the collective often find their way into my art. I aim to explore the complexities of human existence, blurring boundaries between past and present, reality and imagination. My work serves as a reflection of the world we inhabit, encompassing its triumphs and tribulations, its beauty and its flaws. Ultimately, I strive to create a space where viewers can contemplate, question, and connect with the artwork in their own unique way. Through the language of contemporary painting, I seek to evoke a range of emotions, provoke intellectual discourse, and inspire a renewed appreciation for the power of visual expression. Over long way of the course,

I found my style as an Ecology Artist fit on Abstract Expressionism art. I paint to address, and to unaddressed, my way to paint is a visual response.
Studying a Master's in Painting (MA Painting) offer me several benefits such as honing my artistic skills, depending on my understanding of art history and theory, networking with fellow artists and professionals, and gaining access to resources like wood workshop, studio and equipment. The course also provides me the opportunities to apply for the different artist open call and exhibit my work around the world. Receive mentorship from experienced artists during the seminar, a personalized tutorial from my teacher course leader and a potentially lead to a career in the art world whether as a practicing artis, educator, I have a choice. Studying for an MA in Painting help me and particular benefice me for becoming an Innovative artist painter in the several ways.

ÉVALUATION RÉFLÉCHISSANTE

En tant qu'artiste, pour moi l'art ou la peinture sont le meilleur moyen de communication. "Avant que les humains ne commencent à
Documenter les événements avec du texte, ils enregistreraient les événements historiques avec des images qui étaient la façon dont les gens communiquaient ou documentaient les événements.

Aujourd'hui, nous appellerons cette forme de communication art visuel, que l'on retrouve accrochée aux murs de la maison, du bureau, du restaurant, de l'hôtel et des entreprises du monde entier. Ma pratique artistique en tant qu'artiste peintre contemporain est motivée par une exploration profonde de l'expérience humaine, l'interaction entre la perception et l'émotion et la nature en constante évolution de notre monde.

À travers mon travail, je cherche à provoquer l'introspection et à remettre en question les idées préconçues, invitant les spectateurs à se lancer dans un voyage visuel qui transcende les frontières traditionnelles que j'attire. Pouvoir expressif des couleurs, de la texture et de la composition, utilisant une interaction dynamique de ces éléments pour créer des pièces visuellement saisissantes et suscitant la réflexion.

Chaque coup de pinceau et couche de peinture est porteur d'intention et de sens, capturant l'essence d'un moment ou d'un concept et le transmettant à travers un langage visuel riche. Ma démarche se caractérise par un dialogue constant entre contrôle et spontanéité. J'accepte l'expérimentation et j'accepte l'inattendu, permettant au tableau de se déployer
Organiquement.

Cette approche confère un sentiment d'énergie et de vitalité à mon travail, créant une tension palpable qui captive l'attention du spectateur et l'invite à s'engager à plusieurs niveaux.

Thèmes de l'identité, de l'écologie, de la connectivité et de la relation entre l'individu et le Collectifs se retrouvent souvent dans mon art. Mon objectif est d'explorer les complexités de l'existence humaine, Brouillant les frontières entre passé et présent, réalité et imagination.

Mon travail est le reflet du monde dans lequel nous vivons, englobant ses triomphes et ses tribulations, sa beauté et ses défauts. En fin de compte, je m'efforce de créer un espace où les spectateurs peuvent contempler, remettre en question et se connecter avec l'œuvre d'art à leur manière. À travers le langage de la peinture contemporaine, je cherche à évoquer une gamme d'émotions, à provoquer un discours intellectuel et à inspirer une appréciation renouvelée du pouvoir de l'expression visuelle.

Au fil du temps, j'ai trouvé que mon style d'artiste écologique s'adaptait à l'art de l'expressionnisme abstrait. Je peins pour adresser, et sans adresse, ma façon de peindre est une réponse visuelle.

Étudier une maîtrise en peinture (MA Painting) m'offre plusieurs avantages tels que perfectionner mes compétences artistiques, en fonction de ma compréhension de l'histoire et de la théorie de l'art, réseauter avec d'autres artistes et professionnels et accéder à des ressources comme un atelier de menuiserie, un studio et de l'équipement.

Le cours me donne également la possibilité de postuler aux différents appels à candidatures pour les artistes et d'exposer mon travail dans le monde entier.

Bénéficiez du mentorat d'artistes expérimentés pendant le séminaire, d'un tutoriel personnalisé de mon professeur responsable du cours et d'une possibilité de déboucher sur une carrière dans le monde de l'art, que ce soit en tant qu'artiste pratiquant ou éducateur, j'ai le choix.

Étudier pour une maîtrise en peinture m'aide et me profite particulièrement pour devenir un artiste peintre innovant de plusieurs manières.

Chaque coup de pinceau et couche de peinture est porteur d'intention et de sens, capturant l'essence d'un moment ou d'un concept et le transmettant à travers un langage visuel riche.

Ma démarche se caractérise par un dialogue constant entre contrôle et spontanéité. J'accepte l'expérimentation et j'accepte l'inattendu, permettant au tableau de se déployer
Organiquement.

RESEARCH AND THEORY

MFA programs gave an opportunity to understand art history and theory during the different lecture. And studying these subjects, deepen my understanding of ecological art, abstract art and provide a broader context for my work.

INTERDISCIPLINARY COLLABORATION TUTORIAL AND DISCUSSION

I have a change to collaborate with the postgraduate film director making during the course for me, collaborate with other disciplines, can lead to new perspectives and insights that can influence my artistic style, helping me integrate ecological themes in innovative ways.

EXHIBITION OPPORTUNITIES

MFA programs provide me an opportunity to win the competitions, and my work will be show and exhibit in the different Galleries in London. This exposure will help me refine my artistic identity and style as an ecology artist, while also increasing my visibility within the art community.

NETWORKING FELLING AND DECISION-MAKING

Connecting with fellow artists, during different private view exhibition, Art-crit expand my artistic horizons during the course. Networking expose me to diverse viewpoints and approaches, inspiring me to refine and evolve my ecological artistic style. Programs typically offer me access to specialized facilities, studios, and equipment. These resources enable me to experiment with different techniques and mediums, allowing him to develop a unique visual language for conveying ecological messages. However, I know that finding my artistic style is a journey that takes time and dedication but teacher course leader, provide me with the support, guidance, and opportunities necessary to explore and define my artistic voice as an ecology-focused painter.

EXPLORATION ET EXPÉRIMENTATION :

Le programme m'encourage à expérimenter différentes techniques, matériaux et concepts. Après notre voyage à la résidence d'artistes La JOYA, nous y avons participé en février ; Je savais que j'aimerais devenir peintre écologique et collaborer avec la science. Mon objectif en participant au cours était d'étudier la collaboration entre l'art et la science. Cette exploration m'aide à affiner ma voix et mon style artistiques, me permettant d'exprimer des thèmes écologiques d'une manière unique et convaincante.

GUIDE DU TUTORIEL
S'engager avec des membres du corps professoral expérimentés me fournit des conseils précieux et constructifs retour. Leurs idées m'aident à naviguer dans les complexités de l'expression de préoccupations écologiques à travers mes œuvres d'art et m'aident à développer un style artistique distinct qui résonne avec mon message.

RECHERCHE ET THÉORIE
Les programmes MFA ont donné l'occasion de comprendre l'histoire et la théorie de l'art au cours des différentes conférences. Et l'étude de ces sujets approfondit ma compréhension de l'art écologique, de l'art abstrait et offre un contexte plus large à mon travail.

TUTORIEL ET DISCUSSION SUR LA COLLABORATION INTERDISCIPLINAIRE

J'ai un changement pour collaborer avec le réalisateur de troisième cycle qui réalise pendant le cours pour moi, collaborer avec d'autres disciplines, peut conduire à de nouvelles perspectives et idées qui peuvent influencer mon style artistique, m'aidant à intégrer des thèmes écologiques de manière innovante.

OPPORTUNITÉS D'EXPOSITION

Les programmes MFA me donnent l'opportunité de remporter les concours et mon travail sera exposé dans les différentes galeries de Londres. Cette exposition m'aidera à affiner mon identité artistique et mon style en tant qu'artiste écologique, tout en augmentant ma visibilité au sein de la communauté artistique.

EN RÉSEAU ET PRISE DE DÉCISION

En me connectant avec d'autres artistes, lors de différentes expositions privées, Art-Crit élargit mes horizons artistiques pendant le cours. Le réseautage m'expose à divers points de vue et approches, m'incitant à affiner et à faire évoluer mon style artistique écologique. Les programmes m'offrent généralement accès à des installations, des studios et des équipements spécialisés. Ces ressources me permettent d'expérimenter différentes techniques et médiums, lui permettant de développer un langage visuel unique pour transmettre des messages écologiques. Cependant, je sais que trouver mon style artistique est un voyage qui prend du temps et du dévouement, mais l'enseignant responsable du cours me fournit le soutien, les conseils et les opportunités nécessaires pour explorer et définir ma voix artistique en tant que peintre axé sur l'écologie.

WORK PRODUCE INSPIRE BY ECOLOGY ENVIRONMENTAL AND CLIMATE CHANGE

I came back from la Joya artist residential with full of ideas knowing what I am doing but before I start my project practice 2, I start experimenting by providing different types of painting relate to the themes of Entropy and, entropy is scientific concept, as well as a manurable physical property, that is most associated with a state of disorder randomness mass temperature.

And that is what I face at JOYA very hot during the day and the temperature just disappear during the night I produce a series of environmental paintings to develop my ideas.

TRAVAIL PRODUIRE INSPIRER PAR L'ÉCOLOGIE CHANGEMENT ENVIRONNEMENTAL ET CLIMATIQUE

Je reviens de la résidence d'artistes la Joya avec plein d'idées sachant ce que je fais mais avant de commencer mon projet pratique 2, je commence à expérimenter en proposant différents types de peinture liés aux thèmes de l'Entropie et, l'entropie est également un concept scientifique. en tant que propriété physique exploitable, qui est la plus associée à un état de désordre aléatoire de la température de masse.

Et c'est ce à quoi je suis confronté chez JOYA : il fait très chaud pendant la journée et la température disparaît pendant la nuit. Je réalise une série de peintures environnementales pour développer mes idées.

Ecology Painting Climate change

The Biodiversity (2022)
Oil on stretching canvas
Dimension: 200cm x 150cm

FINAL DIRECTION

After researching the Iconic abstract expressionism artist to connect my work, because I wanted to produce an entropy painting by staying abstract expressive, artist who's inspire me:

ACKSON POLLOCK, WILLEM THE KOONING, MARK ROTHKO, CLIFFORD STILI.

Those artists drove me straight to the style I wanted to develop.

So far, abstract art style like abstract art, provide me a creative outlet for self-expression and landscape evoke feeling of tranquillity and peace. Beach and portrait always have a place in the heart of people as they provide away to capture loved ones and cherished memories and calm. Abstract expressionism for me it's the best style ever I had a desire to freely express the emotions and attitudes that the public will feel, however.

Its simultaneously fear because it might come from any interpretation of my work. So, using both technique on my style to produce the collaboration on art and science it's the best way to start.

I then decide to produce an entropy abstract painting for my practice two, because the intersection of art and science has refused in diverse range of projects that transcend traditional boundaries. One notable example is the "ANTHROPOCENE" project. Which utilize artistic expression to depict the profound impact of human activities on earth's geological and ecological systems.

ORIENTATION FINALE

Après avoir recherché l'artiste emblématique de l'expressionnisme abstrait pour relier mon travail, car je voulais produire une peinture entropique en restant abstraite et expressive, l'artiste qui m'inspire :

ACKSON POLLOCK, WILLEM LE KOONING, MARK ROTHKO, CLIFFORD STILI.

Ces artistes m'ont conduit directement vers le style que je souhaitais développer. Jusqu'à présent, le style d'art abstrait, comme l'art abstrait, me fournit un exutoire créatif pour l'expression de soi et le paysage évoque un sentiment de tranquillité et de paix. La plage et le portrait ont toujours une place dans le cœur des gens car ils permettent de capturer les êtres chers, les souvenirs précieux et le calme.

L'expressionnisme abstrait est pour moi le meilleur style qui soit. J'avais cependant envie d'exprimer librement les émotions et les attitudes que ressentirait le public. C'est en même temps de la peur car elle peut provenir de n'importe quelle interprétation de mon travail. Donc, utiliser les deux techniques dans mon style pour produire une collaboration sur l'art et la science est la meilleure façon de commencer.

Je décide alors de produire une peinture abstraite d'entropie pour ma deuxième pratique, car l'intersection de l'art et de la science s'est refusée à une gamme diversifiée de projets qui transcendent les frontières traditionnelles. Un exemple notable est le projet « ANTHROPOCENE ». Qui utilisent l'expression artistique pour décrire l'impact profond des activités humaines sur les systèmes géologiques et écologiques de la Terre.

> "COLLABORATIONS LIKE THIS ALLOW SCIENTISTS TO COMMUNICATE THEIR FINDING IN A MORE ACCESSIBLE AND EMOTIONALLY RESONANT MANNER, THEREBY ENGAGING A BROADER AUDIENCE AND INCITING DISCUSSIONS ON ECOLOGICAL CONCERNS"

Moreover, art science collaborations can offer innovative perspectives on the intrinsic connection between nature and human values. Artists bring their intuitive understanding of aesthetics and emotions to the table, enabling them to evoke visceral responses from the audience.

By juxtaposing scientific data with artistic representation, these collaborations challenge societal norms and perceptions, encouraging environment this interplay stimulates critical reflection and prompts discussions about ethical responsibilities towards the planet.

However, these partnerships are not without challenges. Bringing the language gap between the technical jargon of science and the expressive language of art can be intricate.

Effective communication is essential to ensure that both parties understand each other's goals, methodologies and expectations. Additionally, the inherent subjectivity of art can sometimes clash with the objective nature of scientific inquiry.

Negotiating this balance requires patience, pen mindedness, and a willingness to embrace the uncertainty that arises from merging two distinct modes of thinking. Despite these challenges, the benefits of art science collaboration far outweigh the difficulties. The resulting projects often offer a holistic and multi-dimensional perspective on ecological issue enabling a deeper comprehension of the complexities at play.
Art has the power to evoke emotions that statistics and charts alone cannot, thereby fostering empathy and driving action.

Scientific rigor, on the other hand, groups artistic endeavours in evidence-based reality, ensuring that the insights derived from collaborations are grounded in truth in conclusion, the synergy between art and science presents a promising avenue for exploring ecological systems and value.

These collaborations hold the potential to catalyse meaningful discussions, challenge societal norms and inspire positive change; by bringing the gape between to seemingly disparate disciplines art science collaborations offer a powerful tool to navigate the intricate web of ecological interactions and human perceptions.

As society grapples with urgent environmental issues, nurturing and expanding these partnerships can help to a more comprehensive understanding of our world and the impetus to safeguard its future.

« DES COLLABORATIONS COMME CELLE-CI PERMETTENT AUX SCIENTIFIQUES DE COMMUNIQUER LEURS DÉCOUVERTES D'UNE MANIÈRE PLUS ACCESSIBLE ET PLUS ÉMOTIONNELLE, ENGAGANT AINSI UN PUBLIC PLUS LARGE ET INCITANT DES DISCUSSIONS SUR DES PRÉOCCUPATIONS ÉCOLOGIQUES »

De plus, les collaborations en sciences de l'art peuvent offrir des perspectives innovantes sur le lien intrinsèque entre la nature et les valeurs humaines. Les artistes apportent leur compréhension intuitive de l'esthétique et des émotions, leur permettant d'évoquer des réponses viscérales de la part du public. En juxtaposant des données scientifiques avec une représentation artistique, ces collaborations remettent en question les normes et perceptions sociétales, encourageant l'environnement.

Cette interaction stimule la réflexion critique et suscite des discussions sur les responsabilités éthiques envers la planète.
Cependant, ces partenariats ne sont pas sans défis. Combler le fossé linguistique entre le jargon technique de la science et le langage expressif de l'art peut s'avérer complexe. Une communication efficace est essentielle pour garantir que les deux parties comprennent les objectifs, les méthodologies et les attentes de chacun. De plus, la subjectivité inhérente à l'art peut parfois entrer en conflit avec la nature objective de la recherche scientifique. Négocier cet équilibre nécessite de la patience, de l'ouverture d'esprit et une volonté d'accepter l'incertitude qui découle de la fusion de deux modes de pensée distincts. Malgré ces défis, les avantages de la collaboration dans le domaine des sciences de l'art dépassent de loin les difficultés.

Les projets qui en résultent offrent souvent une perspective holistique et multidimensionnelle sur la question écologique, permettant une compréhension plus profonde des complexités en jeu.

L'art a le pouvoir d'évoquer des émotions que les statistiques et les graphiques ne peuvent à eux seuls, favorisant ainsi l'empathie et stimulant l'action.

La rigueur scientifique, quant à elle, regroupe les efforts artistiques dans une réalité fondée sur des preuves, garantissant que les idées dérivées des collaborations sont fondées sur la vérité. En conclusion, la synergie entre l'art et la science présente une voie prometteuse pour explorer les systèmes et les valeurs écologiques.

Ces collaborations ont le potentiel de catalyser des discussions significatives, de remettre en question les normes sociétales et d'inspirer un changement positif ; en comblant le fossé entre des disciplines apparement disparates, les collaborations entre les sciences de l'art offrent un outil puissant pour naviguer dans le réseau complexe des interactions écologiques et des perceptions humaines.

Alors que la société est aux prises avec des problèmes environnementaux urgents, entretenir et élargir ces partenariats peut contribuer à une compréhension plus globale de notre monde et à la dynamique nécessaire pour sauvegarder son avenir.

ENTROPY PAINTING AND ARTISTS WORK.

ENTROPY PAINTING AND ARTISTS WORK.

When doing my own project painting, I use gestural abstraction. I produce through a physical spontaneous technique by Dripping, splattering spraying, flicking, pouring or any other techniques, spontaneous radon way. It's not premeditated as I paint from my imagination.

PEINTURE D'ENTROPIE ET TRAVAIL D'ARTISTES.

Lorsque je réalise mon propre projet de peinture, j'utilise des gestes abstraction. Je produis à travers un physique spontané technique par gouttes, éclaboussures, pulvérisation, effleurement, coulée ou toute autre technique, radon spontané chemin. Ce n'est pas prémédité car je peins depuis mon imagination.

ARTISTS WITH THE PAINTING THAT HAVE INFORMED MY PRACTICE

1) HENRY MATISSE.

I choose Henri Matisse because of how he drawn his inspiration.
As my own practice, the inspiration of his work came from his imagination, tranquillity and
peace of mind.

His tranquillity trough art match with the way I feel when I produce my work.
I paint to express, and Henri produce this painting to express his love of tranquillity.

He influences my practice trough the joyful of the colours, the Dazzline and the pattern, the form, the shape and Abstract. Matisse said: my choice of colours does not rest on any specific theory: it is based on observation, on sensitivity, on felt experiences. And it applies to me today.
Because I also paint the observational form of landscape. Also, he produces one statement which is apply to my work "What I dream of is an art of balance of purity and serenity a smoothing calming influence on the mind".
Mark Rothko.

ARTISTS WITH THE PAINTING THAT HAVE INFORMED MY PRACTICE

3 Paintings that have informed my practice
Christelle Momini

Abstract
1) Henri Matisse
2) Mark Rothko
3) Wassily Kandinsky

Those Artists are Abstract - Expressionist. They have a great influence of my paintings with similarity on technique and on concept.
Henry Matisse
Red interior, Still Life on a Blue Table.

ARTISTES AVEC LA PEINTURE QUI ONT INFORMÉ MA PRATIQUE
1) HENRY MATISSE.

J'ai choisi Henri Matisse pour la façon dont il puisait son inspiration.

En tant que ma propre pratique, l'inspiration de son travail est venue de son imagination, de sa tranquillité et Tranquillité d'esprit. Sa tranquillité à travers l'art correspond à ce que je ressens lorsque je produis mon travail.

Je peins pour exprimer, et Henri réalise ce tableau pour exprimer son amour de la tranquillité. Il influence ma pratique à travers la joyeuse des couleurs, la Dazzline et le motif, la forme, la forme et l'Abstrait. Matisse disait : mon choix de couleurs ne repose sur aucune théorie précise : il se base sur l'observation, sur la sensibilité, sur des expériences ressenties. Et cela s'applique à moi aujourd'hui.

Parce que je peins aussi la forme observationnelle du paysage. En outre, il produit une déclaration qui s'applique à mon travail "Ce dont je rêve, c'est un art d'équilibre entre pureté et sérénité, une influence apaisante et apaisante sur l'esprit".
Marc Rothko
Peinture Huile sur Toile Sans Titre (1950 -52)

ARTISTES AVEC LA PEINTURE QUI ONT INFORMÉ MON PRATIQUE

3 peintures qui ont éclairé ma pratique
Christelle Momini
Abstrait

1) Henri Matisse
2) Marc Rothko
3) Vassily Kandinsky

Ces artistes sont abstraits – expressionnistes. Ils ont une grande influence sur mes peintures avec une similitude sur la technique et sur le concept.

Henri Matisse
Intérieur rouge, Nature morte sur table bleue.

ARTISTS WITH THE PAINTING THAT HAVE INFORMED MY PRACTICE

Mark Rothko.
The work conveys deep feeling about the human condition. He influences my work with the emotional Abstract painting and the line in the middle or just above the centre, a horizontal line shows the delicate modulations of the painting. The interpretation of his painting it's an abstract landscape. It inspired me with the way I paint the background of my painting.
Wassily Kandinsky
Composition VII
Oil on Canvas (1913)
Christelle Momini
Wassily Kandinsky
His painting is always different as he paints to response. This painting influences my work with his spiritual approach as for my Art is spiritual. He uses spirituality approach while making this painting with the music. Initially, he draws his inspiration from religious subjects and music. He believes that he could convey his purest and most spiritual feeling. I agree with that. This painting influences my work with:
Colours
I found colours as the most important element in painting each colour, each perception of
light represented a spiritual tone, and I carefully select the colours using the phycological
colour to express the value of each Vue line, using linear motifs to install energy and direction onto his painting and I found the similarity on mv work. Tone and shape.

ARTISTES AVEC LA PEINTURE QUI ONT INFORMÉ MA PRATIQUE

Marc Rothko.
L'œuvre transmet un sentiment profond sur la condition humaine.
Il influence mon travail avec la peinture abstraite émotionnelle et la ligne au milieu ou juste au-dessus du centre, une ligne horizontale montre les délicates modulations de la peinture.
L'interprétation de sa peinture est un paysage abstrait. Cela m'a inspiré dans la façon dont je peins l'arrière-plan de ma peinture.
Vassily Kandinsky
Composition VII
Huile sur toile (1913)
Christelle Momini
Vassily Kandinsky
Sa peinture est toujours différente car il peint en réponse. Cette peinture influence mon travail par son approche spirituelle car mon Art est spirituel. Il utilise une approche spirituelle en réalisant cette peinture avec la musique. Dans un premier temps, il puise son inspiration dans les sujets religieux et la musique. Il croit pouvoir transmettre son sentiment le plus pur et le plus spirituel. Je suis d'accord avec cela. Cette peinture influence mon travail avec :
Couleurs
J'ai trouvé que les couleurs étaient l'élément le plus important dans la peinture de chaque couleur, de chaque perception de la lumière représentait un ton spirituel, et je sélectionnais soigneusement les couleurs en utilisant les critères phycologiques. la couleur pour exprimer la valeur de chaque ligne Vue, en utilisant des motifs linéaires pour installer de l'énergie et de la direction sur sa peinture et j'ai trouvé la similitude sur mon travail. Ton et forme.

ARTISTS WITH THE PAINTING THAT HAVE INFORMED MY PRACTICE

I focus my experimenting and research on Climate change try to connect all the five components of climate system together all in one because according of my research, the climate system can change due to internal variability and external forcings. These external forcings can be natural, such as variations in solar intensity and volcanic eruptions or caused by Humans. So, I start producing the figurative painting relates to the entropy on Climate change.
Entropy for the woman body cause by Climate change

ARTISTES AVEC LA PEINTURE QUI ONT INFORMÉ MFA PRATIQUE

Je concentre mes expérimentations et mes recherches sur le changement climatique en essayant de relier les cinq composantes du Système climatique ensemble tout en un car selon mes recherches, le système climatique peut changer en raison de la variabilité interne et des forçages externes. Ces forçages externes peuvent être naturels, comme variations de l'intensité solaire et éruptions volcaniques ou provoquées par l'Homme. Alors, je commence à produire la peinture figurative est liée à l'entropie du changement climatique.
Entropie du corps féminin causée par le changement climatique

CHANGING DIRECTION

After a tutorial and group crit, I decided to stick on Ecology painting for my final project which respond to the project of practice unit 2. Choosing to become an innovative ecology painter is the good choice because ecology painting benefits the world.

Ecology-themed paintings hold significant benefits for the world, transcending the traditional realms of art by fostering awareness, inspiring action, and cultivating a deeper connection with the environment. Here are a few ways in which ecology paintings contribute positively.

RAISING AWARENESS

Ecology paintings serve as visual narratives that capture the beauty and fragility of our natural world.
My artworks draw attention to ecosystems, spaces, and landscapes that are often overlooked. By bringing these subjects to the forefront of people's conscientiousness, the paintings raise awareness about the importance of preserving biodiversity and conserving natural habitats.

EMOTIONAL IMPACT

Art has a power to evoke emotions and engage viewers on personal level. Ecology paintings tap into this emotional connection, encouraging empathy for the natural world. When viewers experience an emotional response to these artworks, they are more likely to develop a sense of responsibility and concern for environmental issues.

EDUCATIONAL TOOL
Ecology paintings, can simplify complex ecological concepts, making them accessible to a wide audience. Visual representations of ecosystems and environmental changes can help people grasp the intricacies of ecological systems, leading to a better understanding of the interconnectedness of life on Earth.

INSPIRING ACTION
When viewers are moved by ecology paintings, they are more inclined to take action to protect the environment. My artworks can inspire individuals to make conscious choices in their daily lives, support conversation efforts, and advocate for sustainable policies.

SHIFTNG PERSPECTIVE
Ecology paintings often challenge conventional perspectives on nature and human interactions with the environment. They prompt viewers to question their assumptions, reconsider their values, and adopt a more harmonious relationship with the natural world.

CHANGEMENT DE DIRECTION

Après un tutoriel et une critique de groupe, j'ai décidé de m'en tenir à la peinture écologique pour mon projet final qui répond au projet de l'unité de pratique 2. Choisir de devenir un peintre écologique innovant est le bon choix car la peinture écologique profite au monde.

Les peintures sur le thème de l'écologie présentent des avantages importants pour le monde, transcendant les domaines traditionnels de l'art en favorisant la prise de conscience, en inspirant l'action et en cultivant un lien plus profond avec l'environnement. Voici quelques façons dont les peintures écologiques contribuent positivement.

SENSIBILISATION

Les peintures écologiques servent de récits visuels qui capturent la beauté et la fragilité de notre monde naturel. Mes œuvres attirent l'attention sur des écosystèmes, des espaces et des paysages qui sont souvent négligés. Par Mettant ces sujets au premier plan de la conscience des gens, les peintures sensibilisent à l'importance de préserver la biodiversité et de conserver les habitats naturels.

IMPACT ÉMOTIONNEL

L'art a le pouvoir d'évoquer des émotions et d'impliquer les spectateurs sur le plan personnel. Les peintures écologiques exploitent ce lien émotionnel, encourageant l'empathie pour le monde naturel. Lorsque les spectateurs ressentent une réaction émotionnelle face à ces œuvres d'art, ils sont plus susceptibles de développer un sentiment de responsabilité et de préoccupation à l'égard des questions environnementales.

OUTIL ÉDUCATIF

Les peintures écologiques peuvent simplifier des concepts écologiques complexes, les rendant accessibles à un large public.

Public. Les représentations visuelles des écosystèmes et des changements environnementaux peuvent aider les gens à saisir les subtilités des systèmes écologiques, conduisant ainsi à une meilleure compréhension de l'interdépendance de la vie sur Terre.

DES ACTIONS INSPIRANTES

Lorsque les spectateurs sont émus par les peintures écologiques, ils sont plus enclins à agir pour protéger l'environnement. Mes œuvres peuvent inspirer les individus à faire des choix conscients dans leur vie quotidienne, soutenir les efforts de conversation et plaider en faveur de politiques durables.

CHANGEMENT DE PERSPECTIVE

Les peintures écologiques remettent souvent en question les perspectives conventionnelles sur la nature et les interactions humaines avec l'environnement. Ils incitent les spectateurs à remettre en question leurs hypothèses, à reconsidérer leurs valeurs et à adopter une relation plus harmonieuse avec le monde naturel.

CHANGING DIRECTION CATALYZING DIALOGUE

My paintings can serve as conversation starters, sparking discussions about ecological issues within communities, institutions, and policy-making circles. The visual impact of my artwork can captivate audiences and lead to meaningful exchanges of ideas and solutions.

LONG-LASTING LEGACY

Ecology paintings have the potential to become enduring symbols of environmental advocacy. They can remain relevant across generations, reminding people of the ongoing need to protect and preserve the planet for future inhabitants.

CULTURAL REFLECTION

Art reflects culture and society. Ecology paintings mirror humanity's evolving relationship with nature, capturing the Zeitgeist of environmental concerns at a particular point in time. My artworks document our collective aspiration, values, and efforts to safeguard the planet. My choice to produce ecology paintings go beyond aesthetics by serving as potent tools for communication, education, and advocacy. My artwork inspires a sense of wonder, encourage responsible stewardship, and contribute to a global conscientiousness that recognizes the intrinsic value of the natural world. As: result, my paintings play a crucial role in shaping a more sustainable and ecologically mindful future for our planet.

CHANGEMENT DE DIRECTION UN DIALOGUE CATALYSEUR

Mes peintures peuvent servir d'amorces de conversation, suscitant des discussions sur questions écologiques au sein des communautés, des institutions et des cercles décisionnels. Le l'impact visuel de mes œuvres peut captiver le public et conduire à des résultats significatifs échanges d'idées et de solutions.

UN HÉRITAGE DURABLE

Les peintures écologiques ont le potentiel de devenir des symboles durables de plaidoyer environnemental. Ils peuvent rester pertinents à travers les générations, rappelant les gens du besoin constant de protéger et de préserver la planète pour l'avenir habitants.

RÉFLEXION CULTURELLE

L'art est le reflet de la culture et de la société. Les peintures écologiques reflètent celles de l'humanité relation évolutive avec la nature, capturant l'air du temps de l'environnement préoccupations à un moment donné. Mes œuvres documentent notre collectif nos aspirations, nos valeurs et nos efforts pour sauvegarder la planète. Mon choix de produire des peintures écologiques va au-delà de l'esthétique en servant de puissants outils de communication, d'éducation et de plaidoyer. Mes œuvres inspirent un sentiment de émerveillez-vous, encouragez une gestion responsable et contribuez à un monde une conscience qui reconnaît la valeur intrinsèque du monde naturel. Comme : Résultat, mes peintures jouent un rôle crucial dans l'élaboration d'un monde plus durable et un avenir écologiquement responsable pour notre planète.

ARTISTS WHOSE INFLUENCE MY JOURNEY FOR THIS PROJECT

The Boyle Family
The Boyle Family make art that looks like an exact copy of something in the real world. They recreate every tiny detail. They talk about using their hands and using their heads to make art. Whilst early pieces were made by a painstaking transfer of the real material onto boards, Boyle and Hills quickly developed techniques whereby a physical impression of the surface was taken and the details and relief preserved using resins and fiberglass. sections, made from a combination of resin, fiberglass, and found materials. The earth probes are but one facet of Boyle Family's multi-sensory practice, which includes installation, sculpture, photography, film, and performance.

ARTISTES QUI INFLUENT MON PARCOURS POUR CE PROJET

La famille Boyle
La famille Boyle crée des œuvres d'art qui ressemblent à une copie exacte de quelque chose dans le monde réel. Ils recréent chaque détail. Ils parlent d'utiliser leurs mains et leur tête pour créer de l'art. Alors que les premières pièces étaient réalisées par un transfert minutieux du matériau réel sur des planches, Boyle et Hills ont rapidement développé des techniques permettant de prendre une impression physique de la surface et de préserver les détails et le relief à l'aide de résines et de fibre de verre. Sections, fabriquées à partir d'une combinaison de résine, de fibre de verre et de matériaux trouvés. Les sondes terrestres ne sont qu'une facette de la pratique multisensorielle de la famille Boyle, qui comprend l'installation, la sculpture, la photographie, le cinéma et la performance.

ART-SCIENCE COLLABORATION: NEW EXPLORATIONS OF ECOLOGICAL SYSTEM, VALUES, AND THEIR APPROACH.

Andy Goldsworthy

Andy Goldsworthy creates visually striking, ephemeral sculptures that use only elements from nature. Whether he is spiralling sticks, arranging leaves, or sculpting with stones, his works hold a simple and natural appeal.
When you are looking at the intersection between art and science, the connections can be endless.
Inspire by these artists to show the fascinating depth offered by the world of science, and how it can inspire incredible art.

COLLABORATION ART-SCIENCE :
NOUVELLES EXPLORATIONS DU SYSTÈME ÉCOLOGIQUE, DES VALEURS ET DE LEUR APPROCHE.

Andy Goldsworthy

Andy Goldsworthy crée des sculptures éphémères visuellement saisissantes qui utilisent uniquement des éléments de la nature. Qu'il enroule des bâtons en spirale, dispose des feuilles ou sculpte avec des pierres, ses œuvres ont un caractère simple et attrait naturel. Lorsque l'on considère l'intersection entre l'art et la science, les liens peuvent être infinis. Inspirez-vous de ces artistes pour montrer la profondeur fascinante qu'offre le monde de la science et comment elle peut inspirer un art incroyable.

ART-SCIENCE COLLABORATION : NEW EXPLORATIONS OF ECOLOGICAL SYSTEM, VALUES, AND THEIR APPROACH.

Most people know Seurat for his work with Pointillism and his Sunday Afternoon on La Grande
Jatte painting.

But fewer know about how Seurat was focused on the science of colour, specifically
Divisionism (or chromoluminarism). He extensively studied the science of colour-in particular how to achieved maximum luminosity-and required the viewer to mix colours optically rather than mixing
Pigments on the canvas.

David Hockney
David Hockney had a long and illustrious career as a painter and printmaker. He played a major part in the Pop Art movement and continued working for decades after (including significant forays into digital art). In 2001, his collaborative research with physicist Charles Falco changed how we think about art history. Hockney and Falco's thesis stated that visual and realistic advances by artists since the Renaissance came from a reliance on optical instruments.

Specifically-and controversially-they proposed that many of the Old Masters relied not on technique and skill, but instead used tools such as the camera obscura and curved mirrors.

COLLABORATION ART-SCIENCE : NOUVELLES EXPLORATIONS DU SYSTÈME ÉCOLOGIQUE, DES VALEURS ET DE LEUR APPROCHE.

La plupart des gens connaissent Seurat pour son travail sur le pointillisme et son dimanche après-midi sur La Grande.
Peinture de Jatte. Mais peu savent comment Seurat s'est concentré sur la science de la couleur, en particulier Divisionnisme (ou chromoluminarisme). Il a étudié en profondeur la science de la couleur, en particulier comment atteindre une luminosité maximale, et a demandé au spectateur de mélanger les couleurs optiquement plutôt que de les mélanger.
Pigments sur la toile.
David Hockney
David Hockney a eu une longue et illustre carrière de peintre et de graveur. Il a joué un rôle majeur dans le mouvement Pop Art et a continué à travailler pendant des décennies (y compris des incursions significatives dans l'art numérique). En 2001, ses recherches en collaboration avec le physicien Charles Falco ont changé notre façon de penser l'histoire de l'art. La thèse de Hockney et Falco affirmait que les progrès visuels et réalistes réalisés par les artistes depuis la Renaissance provenaient du recours aux instruments optiques. Plus précisément - et de manière controversée - ils ont proposé que de nombreux maîtres anciens ne s'appuyaient pas sur la technique et les compétences, mais utilisaient plutôt des outils tels que la chambre noire et les miroirs incurvés.

ART-SCIENCE COLLABORATION :
NEW EXPLORATIONS OF ECOLOGICAL SYSTEM, VALUES, AND THEIR APPROACH.

THE PRACTICE 2
THE ECOLOGY PAINTING

Statement:

The human world we live in on Earth with our brains and bodies, other organisms, cities, climates, air traffic, environmental and finally the macroscopic world from our planet to the solar system, galaxies, the observable universe and multiverse. To produce my final ecology series of paintings, I too

Inspirations from fours artist whose collaborate with science to produce their works.

The Boyle Family
Andy Goldsworthy
George Seurat
David Hockney

I start my project by experimenting with real material to create an innovative painting.

Lists of raw materials
- Paper wrap
- Kitchen foil
- Paper kitchen tissues
- Stone
- Sands
- Wood
- Grass
- Pine fruit leaves
- Baby powder

Painting materials
- Acrylic painting
- Oil painting
- Cracking painting mediums
- Brushes

COLLABORATION ART-SCIENCE : NOUVELLES EXPLORATIONS DU SYSTÈME ÉCOLOGIQUE, DES VALEURS ET DE LEUR APPROCHE.

LA PRATIQUE 2
LA PEINTURE ÉCOLOGIE
Déclaration:
Le monde humain dans lequel nous vivons sur Terre avec notre cerveau et notre corps, d'autres organismes, nos villes, nos climats, notre air
trafic, environnement et enfin le monde macroscopique de notre planète au système solaire, en passant par les galaxies,
l'univers observable et le multivers. Pour réaliser ma dernière série de peintures sur l'écologie, moi aussi
Inspirations de quatre artistes qui collaborent avec la science pour produire leurs œuvres.
La famille Boyle
Andy Goldsworthy
Georges Seurat
David Hockney
Je commence mon projet en expérimentant avec du matériel réel pour créer une peinture innovante.
Listes de matières premières
-Enveloppement de papier
-Feuille de cuisine
- Des mouchoirs en papier
-Pierre
-Sables
-Bois
-Herbe
-Feuilles de fruits de pin
-Poudre pour bébé
Matériel de peinture
-Peinture acrylique
-Peinture à l'huile
-Cracking des médiums à peindre
-Brosses

ENTROPY PAINTING AND ARTISTS WORK.

When doing my own project painting, I use gestural abstraction. I produce through a physical spontaneous technique by Dripping, splattering spraying, flicking, pouring or any other techniques, spontaneous radon way. It's not premeditated as I paint from my imagination.

PEINTURE D'ENTROPIE ET TRAVAIL D'ARTISTES.

Lorsque je réalise mon propre projet de peinture, j'utilise l'abstraction gestuelle. Je produis grâce à une technique physique spontanée par goutte à goutte, pulvérisation par éclaboussures, effleurement, versement ou toute autre technique, façon spontanée du radon. Ce n'est pas prémédité car je peins à partir de mon imagination

PROJECT ART AND SCIENCE

The fine Art Language
How painting can connect to science ecologically to resolve a problem related to our health and well-being to found balance without taking discomfort on climate change and environmental impact.

ART AND SCIENCE, PAINTING

UTOPIA
Everyone need the place to escape the ideally perfect place to believe or feels that the society in which we lives is always getting better.

NEUROLOGY PAINTING

NEUROGRAPHIC ART
Christelle is an Abstract - Expressionism Artist. She Inspired by the human Nature, Art and Science to produce the series of paintings. Her project is consisting to a Neurologist painting, inspired by the neuroscientists and the natural psychology colours over the Decades.

NEUROLOGY PAINTING
This project will focus on the interpretation cultural objects in painting with observational and environmental using novel experimental platform like Landforms, the Climate, the Air, the Natural vegetation around the mountains to explore how interpersonal variability can affected people mental health and improve the brain function due to the climate change and how it's affect cognitive process underlying and individuals behaviour in a social environment context, in addition to effect on learning

PROJET ART ET SCIENCE

Le langage des beaux-arts
Comment la peinture peut se connecter écologiquement à la science pour résoudre un problème lié à notre santé et à notre bien-être afin de retrouver un équilibre sans ressentir d'inconfort face au changement climatique et à l'impact environnemental.

ART ET SCIENCES, PEINTURE

UTOPIE
Tout le monde a besoin d'un endroit pour s'évader, d'un endroit idéalement parfait pour croire ou sentir que la société dans laquelle nous vivons s'améliore toujours.

PEINTURE DE NEUROLOGIE

ART NEUROGRAPHIQUE
Christelle est une artiste abstraite - expressionnisme. Elle s'est inspirée de la nature humaine, de l'art et de la science pour produire la série de peintures. Son projet consiste en une peinture de neurologue, inspirée des couleurs des neuroscientifiques et de la psychologie naturelle au fil des décennies.

PEINTURE DE NEUROLOGIE
Ce projet se concentrera sur l'interprétation des objets culturels en peinture avec l'observation et l'environnement en utilisant une nouvelle plate-forme expérimentale comme les formes de relief, le climat, l'air et la végétation naturelle autour des montagnes pour explorer comment la variabilité interpersonnelle peut affecter la santé mentale des personnes et améliorer les fonctions cérébrales. Au changement climatique et comment il affecte les processus cognitifs sous-jacents et le comportement des individus dans un contexte d'environnement social, en plus de son effet sur l'apprentissage

PROJECT ECOLOGY

ART, AIR AND ECOLOGY

Ecology paintings, can simplify complex ecological concepts, making them accessible to a wide audience. Visual representations of ecosystems and environmental changes can help people grasp the intricacies of ecological systems, leading to a better understanding of the interconnectedness of life on Earth.

HUMAN NATURE
The DNA

The set of three contemporary mixed-media painting, Art installation is painting with a higher quality and bright colour mixed by us to create an exceptional and unique kind- of colours.
GREEN, PINK, WHITE, RED, PURPLE, BLUE, GOLD.
With a touch of the linear Mid-Century Style these create a show-stopping statement for the Home, Office, Corporate, Studio exhibition, Commercial lobby, Hotel, Hospital or any public space.

ÉCOLOGIE DU PROJET

ART, AIR ET ECOLOGIE

Les peintures écologiques peuvent simplifier des concepts écologiques complexes, les rendant accessibles à un large public. Les représentations visuelles des écosystèmes et des changements environnementaux peuvent aider les gens à saisir les subtilités des systèmes écologiques, conduisant ainsi à une meilleure compréhension de l'interdépendance de la vie sur Terre.

NATURE HUMAINE
L'ADN

L'ensemble de trois peintures contemporaines mixtes, Art installation, est une peinture de qualité supérieure et de couleurs vives que nous mélangeons pour créer un type de couleurs exceptionnel et unique.
VERT, ROSE, BLANC, ROUGE, VIOLET, BLEU, OR.
Avec une touche de style linéaire du milieu du siècle, ils créent une déclaration remarquable pour la maison, le bureau, l'entreprise, l'exposition en studio, le hall commercial, l'hôtel, l'hôpital ou tout espace public.

PROJECT NEURODIVERGENCE

In this Category, I will explore the Neurodiversity a framework for understanding human brain function and mental illness. It argues that diversity in human cognition is normal and that some conditions classified as mental disorders are differences and disabilities that are not necessarily pathological. Here we are....

PROJET NEURODIVERGENCE

Dans cette catégorie, j'explorerai la neurodiversité, un cadre pour comprendre le fonctionnement du cerveau humain et la maladie mentale. Il soutient que la diversité de la cognition humaine est normale et que certaines conditions classées comme troubles mentaux sont des différences et des handicaps qui ne sont pas nécessairement pathologiques. Nous y sommes....

PROJECT NEUROSCIENCE

Neurographic Art-Neuroscience painting
Artist use Neurography art psychologically work with our subconscious mind through painting or drawing, it's release us from stress and fear when we draw by drawing freedom, line and then transform our stress into a beautiful Artwork by using a specific Algorithm. Neurography Art was created by the Russian Psychologist and Architect Pavel Piskarev in 2014. In this day, Neurography method are using as Art Therapy, can be based on Image or Abstract and that is what you will see on my work.

Peinture neurographique Art-Neuroscience

L'utilisation de l'artiste par l'art neurographique travaille psychologiquement avec notre subconscient à travers la peinture ou le dessin. Cela nous libère du stress et de la peur lorsque nous dessinons en traçant la liberté, la ligne, puis transformons notre stress en une belle œuvre d'art en utilisant un algorithme spécifique. L'art neurographique a été créé par le psychologue et architecte russe Pavel Piskarev en 2014. De nos jours, la méthode neurographique est utilisée comme art-thérapie, peut être basée sur l'image ou l'abstrait et c'est ce que vous verrez dans mon travail.

Collaboration with Art and Science
Investigating the contemporary context of Art and Science allow me to understand how art and science link to Mental health and influence our mind and wellbeing. According to the research, Artist and Scientists contribute to a greater understanding of life in the age of the Anthropocene and how we relate to the world around us. In my work, I will use the contemporary and history of Art and Science to create a multiple pieces of painting inspire by Art Therapy in the society to resolve or reduce Mental health with Neurographic Art and Ocean painting. I will explore Neurographic Art and Ocean Art which is a wonderful method to reduce stress and Anxiety. I believed that Art and Science play the same rule they both about observations, deliverance and interpretation.

Collaboration avec l'art et la science

Enquêter sur le contexte contemporain de l'art et de la science me permet de comprendre comment l'art et la science sont liés à la santé mentale et influencent notre esprit et notre bien-être. Selon la recherche, les artistes et les scientifiques contribuent à une meilleure compréhension de la vie à l'ère de l'Anthropocène et de nos relations avec le monde qui nous entoure. Dans mon travail, j'utiliserai le contemporain et l'histoire de l'art et de la science pour créer de multiples œuvres de peinture inspirées de l'art-thérapie dans la société afin de résoudre ou de réduire la santé mentale grâce à l'art neurographique et à la peinture océanique. J'explorerai l'art neurographique et l'art océanique, qui sont une merveilleuse méthode pour réduire le stress et l'anxiété. Je croyais que l'Art et la Science jouent la même règle en matière d'observation, de délivrance et d'interprétation.

Collaboration with Art and Ecology
As an devoted artist painter, whose work draws from the collaboration of Art-Science- Ecology and various sources such as an contemporary culture. my art is a fusion of influence from abstract expressionists to the landscape and cubism combining emotional rawness and visual elements of composition, light, form and movements.
The project focus on the interpretation of cultural objects in painting observation and environmental using novel experimental platform like the landforms, the climate, the air, the natural vegetation like flowers and trees around the mountains, collecting stone from different colours to build the colours pallet base on the environmental and event related-potentials to explore how interpersonal variability can affected people mental health and improve the brains function due to the climate change and how it may affect socio-cognitive process underlying and individual's behaviour in a social environment context, in addition to affect on leaning outcomes, lifestyle and decision making.
Observed the landscape, inspired by the landforms, shape, line, natural colour inspired by the ecological and environmental colours to produce the neurological and the ecology painting,

Collaboration avec l'Art et l'Écologie

En tant qu'artiste peintre dévoué, dont le travail s'appuie sur la collaboration de l'Art-Science-Écologie et de diverses sources telles qu'une culture contemporaine. Mon art est une fusion d'influences des expressionnistes abstraits au paysage et au cubisme combinant la crudité émotionnelle et les éléments visuels de composition, de lumière, de forme et de mouvements.

Le projet se concentre sur l'interprétation d'objets culturels dans l'observation de la peinture et l'environnement en utilisant une nouvelle plate-forme expérimentale comme les reliefs, le climat, l'air, la végétation naturelle comme les fleurs et les arbres autour des montagnes, en collectant des pierres de différentes couleurs pour construire la base de la palette de couleurs. Sur les potentiels environnementaux et liés aux événements pour explorer comment la variabilité interpersonnelle peut affecter la santé mentale des personnes et améliorer le fonctionnement du cerveau en raison du changement climatique et comment elle peut affecter les processus socio-cognitifs sous-jacents et le comportement de l'individu dans un contexte d'environnement social, en plus de impact sur les résultats de l'apprentissage, le style de vie et la prise de décision.

Observer le paysage, s'inspirer des reliefs, de la forme, de la ligne, de la couleur naturelle inspirée des couleurs écologiques et environnementales pour produire la peinture neurologique et écologique,

FINDING INNER PEACE WITH OCEAN

In my work, you will explore how the Ocean affects human mental health.

IT'S REDUCE STRESS AND HELP TO THINK AND BE MORE CREATIVE.

When you live near the Ocean or often go for holiday in the Beach you feel calm. Ocean water is filled of magic with a positive ionic which have a calming effect on the human mind. The combination of the blue and white colour has an ability to destress your mind and make you feel better.

IT RELEASE SYMPTOMS OF DEPRESSION.

The Beach and Ocean have a positive affected on depression as well the mare sound of the water and waves crashing can help release the negative feeling. Visiting the beach can put you in a thane-like state where you can clear your mind of all the bad memories worries and dark thoughts that might cloud your day.

IT ENCOURAGES YOU TO EXERCISE

While you are on holiday by take a walk or jog on the beach early in the morning, will have a very positive effect on your mind.

SEA AIR HELPS WITH INSOMNIA

If you close your eyes and concentrate on the waves, you can imagine yourself anywhere in the world. Sea air is good for sleep because it is fresher and cleaner and enriched with oxygen. The constancy of the Ocean, its movements and sounds can help you destress and get healthy and uninterrupted eight hours of sleep.

IT GIVES YOU TIME TO CONTEMPLATE AND BOOSTS YOUR CREATIVITY

If you want to have a Zen attitude after a period of the work, you can Zen out to the Beach. It will help you to clear your mind and enhance your creativity.

TTROUVER LA PAIX INTRIEUR AVEC LA MÈR

Dans mon travail, vous explorerez comment l'océan affecte la santé mentale humaine.

CELA RÉDUIT LE STRESS ET AIDE À PENSER ET À ÊTRE PLUS CRÉATIF.

Lorsque vous habitez près de l'océan ou que vous partez souvent en vacances à la plage, vous vous sentez calme. L'eau de l'océan est remplie de magie avec des ions positifs qui ont un effet apaisant sur l'esprit humain. La combinaison du bleu et du blanc a la capacité de déstresser votre esprit et de vous faire sentir mieux.

IL LIBÈRE LES SYMPTÔMES DE DÉPRESSION.

La plage et l'océan ont un effet positif sur la dépression, et le bruit de l'eau et le bruit des vagues peuvent aider à libérer le sentiment négatif. Visiter la plage peut vous mettre dans un état semblable à celui d'un thane où vous pouvez vider votre esprit de tous les mauvais souvenirs, soucis et pensées sombres qui pourraient obscurcir votre journée.

ÇA VOUS ENCOURAGE À FAIRE DE L'EXERCICE

Pendant que vous êtes en vacances, faire une promenade ou faire du jogging sur la plage tôt le matin aura un effet très positif sur votre esprit.

L'AIR MER AIDE À L'INSOMNIE

Si vous fermez les yeux et vous concentrez sur les vagues, vous pouvez vous imaginer n'importe où dans le monde. L'air marin est bon pour dormir car il est plus frais, plus propre et enrichi en oxygène. La constance de l'Océan, ses mouvements et ses sons peuvent vous aider à vous déstresser et à obtenir huit heures de sommeil saines et ininterrompues.

ÇA VOUS DONNE LE TEMPS DE CONTEMPLER ET BOOSTE VOTRE CRÉATIVITÉ

Si vous souhaitez avoir une attitude zen après une période de travaux, vous pouvez vous détendre à la plage. Cela vous aidera à vider votre esprit et à améliorer votre créativité.

THE BRIEF
PRACTICE 1

Brief Summary

Practice driven, the unit is focused on the analysis, reappraisal and development of your existing practice in relation to painting. You will be encouraged to question the boundaries of your painting practice, identify and explore new concepts and approaches; negotiated through an individual working synopsis. The unit is informed by the School of Art's international research strengths in painting and will engage with national and international research agendas.

PERSONAL EVALUATION

The themes and project development in this units were draw and focused on the reformulation and development of our existing practice within the context of painting.

As a visual artist graduate in fashion textiles Creative Media and Visual Communication, I drew inspiration from futurist Painter Artist Giacomo Balla for light, Unberto Boccioni for Dark the use of colour, light and strong line of drawing, painting on my existing practice. I find these two different artists work to be very fascinating and stimulating as well as futurism. Some of the other techniques used in my painting are a mixed of abstract Art, Constructivism, Art Nouveau and neurographic Art create by the architect Pavel Piskarey one's stress and fear on my painting because painting help me release stress.

After the Show and Tell introduction of our existing practice, I understand that I need to reappraise and develop the understanding of the key practice painting.

Fist I desire to draw away from any form of shape, geometric shape and learn how to paint without drawing. The real "Painting itself".

The different tutorial with the peer and staff helps me to identify the key concept of chosen subject, to develop my personal style of visual communication within context of painting.

The main project was the DNA of the Human Nature. I use the theme of human nature to explore a variety of different kind of painting ideas and develop an independent close practical engagement within the area of painting. I produce a series of paintings link to the exploration undertaken from other existing contemporary artist painters. I present my work during the studio presentation and tutorial for a review of my painting. The feedback I receive allow me to take my painting to the next level. I understand that my painting will take another direction and start developing a new strategies and new methods to enhance a contextual understanding intergrade in my practice.

What do I Learned?

During the seminar, I have an opportunity to understand what is painting in Abstract mean and how it should be done.

I learned the construction of abstract painting, the organization of abstract painting, the structure play with shape in painting, the four corner in painting and how we can apply, the colour section and the colour part, the colour relationship in painting. Although Painting it's a county under a realization that everyone is free to give their own opinion, it's very important to apply all the strategies on your painting.

I also learnt how to mixed-up oil painting and acrylic painting to create our own unique type of colour in Introduction in Oil and Acrylic painting.

The stretching course was one of the best thing I learn during practice one. Stretcher courses give us the best experience making our own canvas from the scraps this will help us during all our lifetime practice within or after the study.

What When Wrong?

Having new approach and change the old method techniques in painting was very difficult for me. Painting itself it difficult already. After every feedback with my tutor or tutorials I have to change the way, I paint and restart again and it was very annoying and stressful for me but with the one-to-one tutorials, I receives support from my peer, and it help me manage and complete my work with the new approach and become useful with my new concept.

What Went Well?

After expanding my ideas about my practice and exploring my new technique practicing mixed- up colour, line square drawing, glazing, painting in light with some busy area and less busy area, I come out with a Three in one final painting. As I check my progressing review regularly, working independently, analyses and evaluate my new approach and other work with critical reflection of my own action and methods, looking back from the beginning of my works, receiving feedback, investigate, exploring my painting development, I can see how progressive my practice has been. I am very satisfying and look forward to the next outcome.

PRACTICE 1
FEEDBACK

Well done, Christelle, Ian and I are absolutely thrilled with how you have embraced the programme and developed your work already. In the assessment you explained the key shifts in your practice, and we talked about the paintings which are especially effective in terms of how they are 'operating'. 'The Tornado in the City' is probably your most successful painting to date because it allowed you to find out what needs to happen on the surface through the act of making the painting. We encourage you to work in this way more directly now, rather than having a 'firm idea' about a painting before you begin. Having a firm idea prevents unexpected and exciting things happening on the surface – and we believe the majority of the tornado painting came about through you finding out what form the painting would take (and its relationship with a tornado) through the process of making.

The work you've made, especially in the last few months, is tremendously ambitious and we encourage you to continue working on large canvases, using fantastically rich colour (like the yellows and pinks) as an underpainting or surface colour. You don't need to think about 'finding a style' but working through several new paintings which deal loosely (perhaps) with weather formations, geological formations and landscape environments. You've looked at some useful contemporary painters already – Amy Sillman, Victoria Morton, Shari Hughes and Lee Krasner. Now look at the following people to extend your understanding and appreciation of what is possible in painting – Phoebe Unwin, Ida Ekblad, Michaela Eichwald, Ina Gerken and spend a lot of time looking at the work of the great American painter Philip Guston. I'd also like you to watch these video which might be useful –Ida Ekblad https://www.youtube.com/watch?v=LVbGznbqfyw (take notes and think about how Ida's ideas relate to yours).
Once again, very well done Christelle. We look forward to seeing how the work develops over Semester 2 and 3.
Mark: 68

BREF RÉSUMÉ
ÉPREUVE

Axée sur la pratique, l'unité se concentre sur l'analyse, la réévaluation et le développement de votre pratique existante en matière de peinture.

Vous serez encouragé à remettre en question les limites de votre pratique de la peinture, à identifier et à explorer de nouveaux concepts et approches ; négocié au travers d'un synopsis de travail individuel.

L'unité s'appuie sur les atouts internationaux de la recherche en peinture de l'École d'art et s'engagera dans les programmes de recherche nationaux et internationaux.

ÉVALUATION PERSONNELLE

Les thèmes et le développement de projets dans ces unités ont été dessinés et axés sur la reformulation et le développement de notre pratique existante dans le contexte de la peinture.
En tant qu'artiste visuel diplômé en textiles de mode, médias créatifs et communication visuelle, je me suis inspiré de l'artiste peintre futuriste Giacomo Balla pour la lumière, d'Unberto Boccioni pour Dark, pour l'utilisation de la couleur, de la lumière et d'une ligne de dessin forte, en peignant sur ma pratique existante. Je trouve le travail de ces deux artistes différents très fascinant et stimulant ainsi que le futurisme. Certaines des autres techniques utilisées dans ma peinture sont un mélange d'art abstrait, de constructivisme, d'art nouveau et d'art neurographique qui créent par l'architecte Pavel Piskarey le stress et la peur sur ma peinture car la peinture m'aide à évacuer le stress.

Après l'introduction de Show and Tell de notre pratique existante, je comprends que je dois réévaluer et développer la compréhension de la pratique clé de la peinture.
Poing Je désire m'éloigner de toute forme de forme, forme géométrique et apprendre à peindre sans dessiner. La véritable « Peinture elle-même ».
Les différents tutoriels avec les pairs et le personnel m'aident à identifier le concept clé du sujet choisi, à développer mon style personnel de communication visuelle dans le contexte de la peinture. Le projet principal était l'ADN de la nature humaine. J'utilise le thème de la nature humaine pour explorer une variété d'idées de peinture différentes et développer un engagement pratique indépendant et étroit dans le domaine de la peinture. Je réalise une série de peintures en lien avec l'exploration entreprise par d'autres artistes peintres contemporains existants. Je présente mon travail lors de la présentation en studio et du tutoriel pour une révision de ma peinture. Les retours que je reçois me permettent de faire passer ma peinture au niveau supérieur. Je comprends que ma peinture prendra une autre direction et commencera à développer de nouvelles stratégies et de nouvelles méthodes pour améliorer une compréhension contextuelle intergrade dans ma pratique.

QU'EST-CE-QUE J'AI APPRIS ?

Pendant le séminaire, j'ai l'occasion de comprendre ce que signifie la peinture abstraite et comment elle doit être réalisée.

J'ai appris la construction de la peinture abstraite, l'organisation de la peinture abstraite, le jeu de structure avec la forme en peinture, les quatre coins en peinture et comment on peut les appliquer, la section couleur et la partie couleur, la relation des couleurs en peinture.

Bien que peindre soit un domaine où chacun est libre de donner sa propre opinion, il est très important d'appliquer toutes les stratégies à votre peinture.

J'ai également appris à mélanger la peinture à l'huile et la peinture acrylique pour créer notre propre type de couleur dans Introduction à la peinture à l'huile et à l'acrylique.

Le cours d'étirements a été l'une des meilleures choses que j'ai apprises lors de la première pratique. Les cours sur civières nous donnent la meilleure expérience en créant notre propre toile à partir des chutes, cela nous aidera tout au long de notre vie à pratiquer pendant ou après l'étude.

QU'EST-CE-QUI N'AS PAS MARCHÉ ?

Avoir une nouvelle approche et changer les anciennes méthodes techniques de peinture a été très difficile pour moi. Se peindre est déjà difficile. Après chaque retour avec mon tuteur ou tutos je dois changer de façon de faire, je peins et recommence et c'était très énervant et stressant pour moi mais avec les tutos particuliers, je reçois le soutien de mes pairs, et ça m'aide gérer et compléter mon travail avec la nouvelle approche et devenir utile avec mon nouveau concept.

QU'EST-CE-QUI S'EST BIEN PASSÉ

Après avoir élargi mes idées sur ma pratique et exploré ma nouvelle technique en pratiquant le mélange de couleurs, le dessin de lignes carrées, le glaçage, la peinture à la lumière avec une zone très fréquentée et une zone moins fréquentée, je sors avec une peinture finale Trois en un. Alors que je vérifie régulièrement mon évolution, en travaillant de manière indépendante, en analysant et en évaluant ma nouvelle approche et d'autres travaux avec une réflexion critique sur ma propre action et mes méthodes, en regardant en arrière depuis le début de mes œuvres, en recevant des commentaires, en enquêtant, en explorant mon développement en peinture, je peux voir à quel point ma pratique a été progressive. Je suis très satisfait et j'attends avec impatience le prochain résultat.

PRACTICE 1
RESULTAT

Bravo, Christelle, Ian et moi sommes absolument ravis de la façon dont vous avez adopté le programme et déjà développé votre travail. Dans l'évaluation, vous avez expliqué les changements clés dans votre pratique et nous avons parlé des peintures qui sont particulièrement efficaces en termes de « fonctionnement ». « La tornade dans la ville » est probablement votre tableau le plus réussi à ce jour car il vous permet de découvrir ce qui doit se passer à la surface à travers l'acte de réaliser le tableau. Nous vous encourageons à travailler de cette manière plus directement dès maintenant, plutôt que d'avoir une « idée précise » d'un tableau avant de commencer. Avoir une idée ferme évite que des choses inattendues et excitantes ne se produisent à la surface – et nous pensons que la majorité de la peinture de tornade est née de la découverte de la forme que prendrait la peinture (et de sa relation avec une tornade) au cours du processus de création.

Le travail que vous avez réalisé, surtout au cours des derniers mois, est extrêmement ambitieux et nous vous encourageons à continuer à travailler sur de grandes toiles, en utilisant des couleurs incroyablement riches (comme les jaunes et les roses) comme couleur de fond ou de surface. Vous n'avez pas besoin de penser à « trouver un style », mais de travailler sur plusieurs nouvelles peintures qui traitent vaguement (peut-être) de formations météorologiques, de formations géologiques et d'environnements paysagers. Vous avez déjà examiné quelques peintres contemporains utiles – Amy Sillman, Victoria Morton, Shari Hughes et Lee Krasner. Regardez maintenant les personnes suivantes pour approfondir votre compréhension et votre appréciation de ce qui est possible en peinture – Phoebe Unwin, Ida Ekblad, Michaela Eichwald, Ina Gerken et passez beaucoup de temps à regarder le travail du grand peintre américain Philip Guston. J'aimerais également que vous regardiez ces vidéos qui pourraient être utiles – Ida Ekblad https://www.youtube.com/watch?v=LVbGznbqfyw (prenez des notes et réfléchissez à la manière dont les idées d'Ida sont liées aux vôtres).

Encore une fois, très bravo Christelle. Nous sommes impatients de voir comment les travaux évolueront au cours des semestres 2 et 3.

Note : 68

PRATICE 2 THE BRIEF

Unit Definition:
Practice driven, the unit is focused on the analysis, reappraisal and development of your existing practice in relation to painting. You will be encouraged to question the boundaries of your painting practice, identify and explore new concepts and approaches; negotiated through an individual working synopsis. This unit is focused on the reformulation and development of your existing practice in relation to painting. It is practice driven and allows for the identification and exploration of new concepts, theories, issues and topics as negotiated through an individual Working Synopsis.

REFLECTIVE EVALUATION

As an artist, for me art or painting is the best way to communication. "Before humans began to document events with text, they would record historical events with images that was the way people communicate or documented events. Today we will call that form of communication visual art, which can be found hanging on walls at Home, in the office, restaurant, hotel hall and business worldwide".

My artistic practice as a contemporary painting artist is driven by a deep exploration of the human experience, the interplay between perception and emotion, and the ever-evolving nature of our world. Through my work, I seek to provoke introspection and challenge preconceived notions, inviting viewers to embark on a visual journey that transcends traditional boundaries.

I draw to the expressive power of colours, texture, and composition, employing a dynamic interplay of these elements to create visually arresting and thought-provoking pieces. Each brushstroke and layer of paint carries intention and meaning, capturing the essence of a moment or a concept and conveying it through a rich visual language. My process is characterized by a constant dialogue between control and spontaneity. I embrace experimentation and embrace the unexpected, allowing the painting to unfold organically. This approach lends a sense of energy and vitality to my work, creating a palpable tension that captivates the viewer's attention and invites them to engage on multiple levels.

Themes of identity, Ecology, connectivity, and the relationship between the individual and the collective often find their way into my art. I aim to explore the complexities of human existence, blurring boundaries between past and present, reality and imagination. My work serves as a reflection of the world we inhabit, encompassing its triumphs and tribulations, its beauty and its flaws.

Ultimately, I strive to create a space where viewers can contemplate, question, and connect with the artwork in their own unique way. Through the language of contemporary painting, I seek to evoke a range of emotions, provoke intellectual discourse, and inspire a renewed appreciation for the power of visual expression. Over long way of the course, I found my style as an Ecology Artist fit on Abstract – Expressionism art. I paint to address, and to unaddressed, my way to paint is a visual response.

Studying a Master's in Painting (MFA Painting) offer me several benefits such as honing my artistic skills, deepening my understanding of art history and theory, networking with fellow artists and professionals, and gaining access to resources like wood workshop, studio and equipment. The course also provides me the opportunities to apply for the different artist open call and exhibit my work around the world. Receive mentorship from experienced artists during the seminar, a personalized tutorial from my teacher course leader and a potentially lead to a career in the art world whether as a practicing artis, educator, I have a choice.

Studying for an MA in Painting help me and particular benefice me for becoming an Innovative artist painter in the several ways.

EXPLORATION AND EXPERIEMENTATION:

The program encourages me to experiment with different techniques, materials, and concepts. After our trip to La JOYA Artists residential we took part on February, I knew that I would like to become an Ecology Painter and collaborate with science. As my aim to come to the course was to study the art and science collaboration. This exploration helps me refine my artistic voice and style, allowing me to express ecological themes in a unique and compelling way.

GUIDANCE FROM TUTORIAL

Engaging with experienced faculty members provide me a valuable guidance and constructive feedback. Their insights help me navigate the complexities of expressing ecological concerns through my artwork and assist me in developing a distinct artistic style that resonates with my message.

RESEARCH AND THEORY

MA programs gave an opportunity to understand art history and theory during the different lecture. And studying these subjects, deepen my understanding of ecological art, abstract art and provide a broader context for my work.

INTERDISCIPLINARY COLLABORATION TUTORIAL AND DISCUSSION

I have a change to collaborate with the postgraduate film director making during the course for me collaborate with other disciplines, can lead to new perspectives and insights that can influence my artistic style, helping me integrate ecological themes in innovative ways.

EXHIBITION OPPORTUNITIES

MFA programs provide me an opportunity to win the competitions, and my work will be show and exhibit in the different Galleries in London. This exposure will help me refine my artistic identity and style as an ecology artist, while also increasing my visibility within the art community.

NETWORKING FELLING AND DECISION-MAKING

Connecting with fellow artists, during different private view exhibition, Art-crit expand my artistic horizons during the course. Networking expose me to diverse viewpoints and approaches, inspiring me to refine and evolve my ecological artistic style. Programs typically offer me access to specialized facilities, studios, and equipment. These resources enable me to experiment with different techniques and mediums, allowing him to develop a unique visual language for conveying ecological messages. However, I know that finding my artistic style is a journey that takes time and dedication but teacher course leader, provide me with the support, guidance, and opportunities necessary to explore and develop my work.

PRACTICE 2
FEEDBACK

General Comments including strengths and areas for future development:
Well done Christelle, this has been a successful Practice 2 and you have been extremely prolific in your practice over many months. Ian and I were delighted with your energy and enthusiasm for painting and developing your work, and it was a pleasure to hear about and read about your interests during this assessment period. It is clear the Joya trip was pivotal in extending your thoughts in regards to the relationship between art and science, evident in a number of large paintings.

As you progress with the work, consider allowing the theme to develop in a more organic way on the canvas rather than in a directed or overly intentional way. The painting of the young boy is an example of how your ideas are embodied in a painting without using the motif of the earth, the planet or planetary materials or shapes. In this painting the whole of your endeavour (your interest in speaking about the climate problems we face) are 'held' in the subject and angle of the painting (the boy, looking up). Your intention is embodied in the way his tattered clothes are depicted in the manner in which you have rendered the space around him, and through the use of lines of paint across the figure. This painting is very successful and is a more subtle way of 'speaking about' your interests. We encourage you to develop more work in this way.

As well, look at the work of Chris Ofili, as Ian mentioned, as well as the paintings in an exhibition called 'Radical Figures' from the Whitechapel gallery a few years ago. Look at painters like Dana Schutz, Nicole Eisenman and Tschabalala Self for ways other people render the figure in an immediate and embodied way. In this sense it would be useful to spend much more time looking at contemporary painters because you are positioned against these people as a painter making work today. Indeed, your submission leans towards climate issues when you would benefit from a more considered investigation into the work of contemporary painters. Also, have a look at Timothy Morton's 'Hyperobjects' which explores the way we can't perceive the world in its totality because it's too big, but we perceive it in terms of locality. This text will help you extend your awareness of global concerns in a way that is relevant for art-making and painting (there is also a video online https://www.youtube.com/watch?v=JbFOaA3kv5g).

Well done again Christelle. We are delighted you are continuing onto the MFA and look forward to working with you this year.

Overall Grade
65

PRATIQUE 2 L'ÉPREUVE

Définition de l'unité :
Axée sur la pratique, l'unité se concentre sur l'analyse, la réévaluation et le développement de votre pratique existante en matière de peinture. Vous serez encouragé à remettre en question les limites de votre pratique de la peinture, à identifier et à explorer de nouveaux concepts et approches ; négocié au travers d'un synopsis de travail individuel. Cette unité se concentre sur la reformulation et le développement de votre pratique existante en matière de peinture. Il est axé sur la pratique et permet l'identification et l'exploration de nouveaux concepts, théories, problèmes et sujets négociés dans le cadre d'un synopsis de travail individuel.

ÉVALUATION RÉFLÉCHISSANTE

En tant qu'artiste, pour moi l'art ou la peinture sont le meilleur moyen de communication. « Avant que les humains ne commencent à documenter les événements avec du texte, ils enregistraient les événements historiques avec des images qui étaient la façon dont les gens communiquaient ou documentaient les événements. Aujourd'hui, nous appellerons cette forme de communication art visuel, que l'on retrouve accrochée aux murs de la maison, du bureau, du restaurant, du hall d'hôtel et des entreprises du monde entier.

Ma pratique artistique en tant qu'artiste peintre contemporain est motivée par une exploration profonde de l'expérience humaine, de l'interaction entre la perception et l'émotion, et de la nature en constante évolution de notre monde. À travers mon travail, je cherche à provoquer l'introspection et à remettre en question les idées préconçues, invitant les spectateurs à se lancer dans un voyage visuel qui transcende les frontières traditionnelles. Je m'appuie sur le pouvoir expressif des couleurs, de la texture et de la composition, en utilisant une interaction dynamique de ces éléments pour créer des pièces visuellement saisissantes et suscitant la réflexion. Chaque coup de pinceau et couche de peinture est porteur d'intention et de sens, capturant l'essence d'un moment ou d'un concept et le transmettant à travers un langage visuel riche. Mon processus se caractérise par un dialogue constant entre contrôle et spontanéité. J'accepte l'expérimentation et l'inattendu, permettant à la peinture de se déployer de manière organique. Cette approche confère un sentiment d'énergie et de vitalité à mon travail, créant une tension palpable qui captive l'attention du spectateur et l'invite à s'engager à plusieurs niveaux.

Les thèmes de l'identité, de l'écologie, de la connectivité et de la relation entre l'individu et le collectif se retrouvent souvent dans mon art. Mon objectif est d'explorer les complexités de l'existence humaine, en brouillant les frontières entre passé et présent, réalité et imagination. Mon travail est le reflet du monde dans lequel nous vivons, englobant ses triomphes et ses tribulations, sa beauté et ses défauts.

En fin de compte, je m'efforce de créer un espace où les spectateurs peuvent contempler, remettre en question et se connecter avec l'œuvre d'art à leur manière. À travers le langage de la peinture contemporaine, je cherche à évoquer une gamme d'émotions, à provoquer un discours intellectuel et à inspirer une appréciation renouvelée du pouvoir de l'expression visuelle. Au fil du cours, j'ai trouvé que mon style d'artiste écologique s'adaptait à l'art abstrait – expressionnisme. Je peins pour adresser, et sans adresse, ma façon de peindre est une réponse visuelle. Étudier une maîtrise en peinture (MFA Painting) m'offre plusieurs avantages tels que perfectionner mes compétences artistiques, approfondir ma compréhension de l'histoire et de la théorie de l'art, réseauter avec d'autres artistes et professionnels et accéder à des ressources comme un atelier de menuiserie, un studio et de l'équipement. Le cours me donne également la possibilité de postuler aux différents appels à candidatures pour les artistes et d'exposer mon travail dans le monde entier. Bénéficiez du mentorat d'artistes expérimentés pendant le séminaire, d'un tutoriel personnalisé de mon professeur responsable du cours et d'une possibilité de déboucher sur une carrière dans le monde de l'art, que ce soit en tant qu'artiste pratiquant ou éducateur, j'ai le choix.

Étudier pour une maîtrise en peinture m'aide et me profite particulièrement pour devenir un artiste peintre innovant de plusieurs manières.

EXPLORATION ET EXPÉRIMENTATION :
Le programme m'encourage à expérimenter différentes techniques, matériaux et concepts. Après notre voyage à la résidence d'artistes La JOYA auquel nous avons participé en février, je savais que j'aimerais devenir peintre écologique et collaborer avec la science. Mon objectif en participant au cours était d'étudier la collaboration entre l'art et la science. Cette exploration m'aide à affiner ma voix et mon style artistiques, me permettant d'exprimer des thèmes écologiques d'une manière unique et convaincante.

GUIDE DU TUTORIEL
S'engager avec des membres du corps professoral expérimentés me fournit des conseils précieux et des commentaires constructifs. Leurs idées m'aident à naviguer dans les complexités de l'expression de préoccupations écologiques à travers mes œuvres et m'aident à développer un style artistique distinct qui résonne avec mon message.

RECHERCHE ET THÉORIE
Les programmes de maîtrise ont donné l'occasion de comprendre l'histoire et la théorie de l'art au cours des différents cours. Et l'étude de ces sujets approfondit ma compréhension de l'art écologique, de l'art abstrait et offre un contexte plus large à mon travail.

TUTORIEL ET DISCUSSION SUR LA COLLABORATION INTERDISCIPLINAIRE

J'ai le choix de collaborer avec le réalisateur de troisième cycle qui réalise des films pendant le cours car je collabore avec d'autres disciplines, cela peut conduire à de nouvelles perspectives et idées qui peuvent influencer mon style artistique, m'aidant à intégrer des thèmes écologiques de manière innovante.

OPPORTUNITÉS D'EXPOSITION

Les programmes MFA me donnent l'opportunité de remporter les concours et mon travail sera exposé dans les différentes galeries de Londres. Cette exposition m'aidera à affiner mon identité artistique et mon style en tant qu'artiste écologique, tout en augmentant ma visibilité au sein de la communauté artistique.

MISE EN RÉSEAU ET PRISE DE DÉCISION

En me connectant avec d'autres artistes, lors de différentes expositions privées, Art-crit élargit mes horizons artistiques pendant le cours. Le réseautage m'expose à divers points de vue et approches, m'incitant à affiner et à faire évoluer mon style artistique écologique.

Les programmes m'offrent généralement accès à des installations, des studios et des équipements spécialisés. Ces ressources me permettent d'expérimenter différentes techniques et médiums, lui permettant de développer un langage visuel unique pour transmettre des messages écologiques. Cependant, je sais que trouver mon style artistique est un voyage qui prend du temps et du dévouement, mais l'enseignant responsable du cours me fournit le soutien, les conseils et les opportunités nécessaires pour explorer et développer mon travail.

PRATIQUE 2   LE RESULTAT

Commentaires généraux, y compris les points forts et les domaines de développement futur :

Bravo Christelle, cette pratique 2 a été réussie et vous avez été extrêmement prolifique dans votre pratique pendant de nombreux mois. Ian et moi avons été ravis de votre énergie et de votre enthousiasme pour peindre et développer votre travail, et ce fut un plaisir d'entendre parler de vos intérêts pendant cette période d'évaluation. Il est clair que le voyage Joya a joué un rôle crucial dans l'approfondissement de vos réflexions sur la relation entre l'art et la science, évidente dans un certain nombre de grandes peintures.

Au fur et à mesure que vous progressez dans le travail, envisagez de permettre au thème de se développer de manière plus organique sur la toile plutôt que de manière dirigée ou trop intentionnelle. La peinture du jeune garçon est un exemple de la façon dont vos idées sont incarnées dans un tableau sans utiliser le motif de la terre, de la planète ou des matériaux ou formes planétaires. Dans ce tableau, l'ensemble de vos efforts (votre intérêt à parler des problèmes climatiques auxquels nous sommes confrontés) est « contenu » dans le sujet et l'angle du tableau (le garçon, levant les yeux). Votre intention s'incarne dans la manière dont ses vêtements en lambeaux sont représentés, dans la manière dont vous avez rendu l'espace autour de lui et dans l'utilisation de lignes de peinture sur la figure. Ce tableau est très réussi et constitue une manière plus subtile de « parler » de vos centres d'intérêt. Nous vous encourageons à développer davantage de travail de cette manière.

Regardez également le travail de Chris Ofili, comme Ian l'a mentionné, ainsi que les peintures d'une exposition intitulée « Radical Figures » de la galerie Whitechapel il y a quelques années. Regardez des peintres comme Dana Schutz, Nicole Eisenman et Tschabalala Self pour découvrir comment d'autres personnes rendent la figure de manière immédiate et incarnée.

En ce sens, il serait utile de consacrer beaucoup plus de temps à regarder les peintres contemporains, car vous vous positionnez face à ces personnes en tant que peintre réalisant des œuvres aujourd'hui.
En effet, votre soumission penche vers les questions climatiques alors que vous gagneriez à une enquête plus approfondie sur le travail des peintres contemporains. Jetez également un œil aux « Hyperobjets » de Timothy Morton qui explore la façon dont nous ne pouvons pas percevoir le monde dans sa totalité parce qu'il est trop grand, mais nous le percevons en termes de localité. Ce texte vous aidera à approfondir votre conscience des préoccupations mondiales d'une manière pertinente pour la création artistique et la peinture (il existe également une vidéo en ligne https://www.youtube.com/watch?v=JbFOaA3kv5g).
Encore bravo Christelle. Nous sommes ravis que vous continuiez au MFA et sommes impatients de travailler avec vous cette année.
Note globale 65

PRACTICE 3 THE BRIEF

Contextualising

Brief Summary

This unit is centred on continuation of students' practices aligned to the research and selection of appropriate public or professional venues or platforms with which to disseminate a significant body of work.

Through the unit you will be asked to approach, propose, negotiate and progress a plan for the dissemination of your body of work.

Students will be supported in the continuance of their practice in conjunction with initiating and progressing a proposal for its eventual public dissemination be that through exhibition, publication, performance or other suitable platform.

Art in Neurodivergence: A Spectrum of Possibilities

PERSONAL EVALUATION

I believe that there is a scientific basic for the healing power behind the painting and, of Abstract art.
Before I start the MFA painting, I was fascinating by art-science really wanted to understand how art and science can connect or collaborate. My first work on practice 1 was focused on the DNA of the creation. And during the study, I produce a work inspired by the nature and works like neuro-painting, environmental painting, Utopia, Dystopia and now, the Entropy always try to understand how painting can assist us with our well-being to relive the negative impact of environmental concern and climate change by using gestural abstraction and observation painting to achieve my goal.
During the last part of my study, last year at MA Painting, I learn that.
Art and science collaborations have emerged as a captivating avenue for exploring ecological systems, values, and their intricate approach. This dynamic partnership between disciplines, traditionally considered disparate, has paved the way for novel insights and perspectives.
By integrating the creative thinking of artists and the analyse approach of scientists, these collaborations provide a unique platform to delves into complex ecological issues. The study delves into the significance benefits and challenges of art-science collaborations focus on my reflection study journey and illustrating their potential to deepen the understanding of ecological systems, challenge social values, and foster a symbolic relationship between these two realms. Move on Art and science this term, I decide to focus on Neurodivergence to produce the artwork help to simulate the release of dopamine and make the viewer feel activate the feel-good hormone.
The development of my work starts with the art movement cubism and the artist like Kandinsky, Picasso, Piet Mondrian, Mark Rothko and Matisse to develop my mixed technique expression and abstract to evoke emotion and feeling.

CRITICAL REFLECTION

As I stand before my canvas, I reminded of the intricate dance between art and science and how their convergence holds immense potential for understanding and addressing the complexes of neurodivergent experience.

In this painting, I sought to explore the intersection of art and science particularly in the realm of psychiatric disorders, drawing inspiration from the revolutionary cubism movement and infusing it with elements of abstract and expressionism.

We recognise that both art and science define our culture and believe that in combination, can convey powerful messages. Being neurodivergent means having a brain that functions in ways that diverge from the dominant norms of society I am interest on that because it has an each with neuro and brain. Embracing neurodiversity involves promoting acceptance, understanding and inclusion of individuals with diverse neurological and misconceptions associated with neurodivergence.

As an artist, I have an eye for detail and a sensitivity to nuance in human behaviour. I use this skill to observe and empathize with the experiences of neurodivergent individuals paying along to their non-verbal communicant styles and ecoclinal expressions. Seek to understand the world through their perspective, rather than imposing my own assumptions or judgment.

I want to represent neurodivergent in my work strive to move beyond stereotypes cliches and depict them with authentic feeling, dignity and respect. Avoid reducing their identity to a single trait or define them solely by their neurodivergence. Instead, celebrate their diversity and resilience though nuanced and multifaceted portrayals.

Mixing expressionism and abstract techniques in my paintings, it is a strategic and dynamic choice for me. Particularly when exploring theme related to neurodivergence. Layer by layer, I wave together element of abstraction, allowing colours and forms to meld and collide in chaotic yet harmonious symphony.

Expressionism technique has the potential to evoke empathy and foster connection by inviting viewers to empathize with the emotional states depicted in the artwork.

For neurotypical individuals, encountering expression depictions of neurodivergent experiences can cultivate understanding compassion, and solidarity. Expressionism techniques for a series of neurodivergent painting I produce facilitate a nuanced exploration of the multifaced nature of neurodivergence, while also inviting viewers to engage with themes of empathy, individuality and emotional authenticity. Overall choosing expressionism technique to produce a series of neurodivergent paintings allow me to deliberate a powerful artistic decision for:
Emotional intensity:

Conveying intense emotions and inner experiences through bold brushstrokes, vibrant colours and distorted forms. Provide the finding visual language. Subjectivity and individuality allow me to celebrate the unique perspectives and identities of individual work as an artist. Freedom of expression: Encourage me to break freedom traditional constraints of representation and embrace spontaneity and experimentations.

PPSYCOLOGICAL COLOURS

Art and its meaning have changed over the years. As an artist, I see colours as a foundation medium to create paintings that matched the form and psychologically make other people feel different and happy.

I see visual art a set of steps and art movement just as fine art, another passage of words to learning literature or interpret our emotion and feeling using visual language. My vision of art as healing come when I had a wonderful experience at MA course last years adder researching the psychology colour artist and neuroscience Artist, using the psychology colour to work on the canvas with oil painting gave me the freedom to experience and feel good without expectations.

I am starting produce art for healing via a collaboration with art and science something I never experience before coming to the course. It showed me the power art holds, which to my surprise was also backed by tons of research being done across the globe on the therapeutic impact art had on various populations.

Today, painting has become such an integral part of my life that I see it being used in different forms every day in the world or with the most creative neurodivergent people.

I have observed around me the comfort colouring, painting and moving in certain ways gives to be neurodivergent children, mental health, brain surgery and trauma recovery in the Uk. According to research, expressionism painting can be play as art therapy allowing individual to regulate themselves by allowing them to explore different art material and art forms in a safe environment.

"One of the most common goals in expressionism art therapy is to increase tolerance for unpleasant simulation while challenging self-simulation behaviour into more creative activity" (Lacour,2017).

It allows the individual to engage and endure textures these fun art processes allow caregivers and educators to desensitize and make more tolerable when they encounter them in daily life.
I also experience painting with music.
Painting with music is another form of art that people oden rely on regulate themselves.

My experiences and observations of the MFA Painting course is they are many possibilities that can be explored through art and science. Painting is fluid natural, and its many forms can be a source of comfort to some a way of communication, or a uniting factor to others. Art could just be the universal language that we need in the world to collaborate with science.

PRACTICE 3
FEEDBACK

General Comments including strengths and areas for future development:

Thank you, Christelle, for presenting your work from the first unit of the MFA – it was a pleasure to hear you discuss your progress with your career and what you have been working on since September. Practice 3 is primarily focussed on developing the professional context for your work (so developing connections with galleries, shows, residences etc.) and based on your studio presentation and the supporting document you have easily demonstrated the required level of development and passed the core criteria of the unit.

The more recent focus in your practice on the subject of neurodiversity and mental health is a fascinating shift and while your particular approach to applying paint and image making hasn't dramatically changed, the new subject matter and theme has allowed you to explore new ways of creating portraits and representations. Your use of many formal techniques and stylistic tropes (including a sort of cubist disruption of space and pictorial planes) lends itself very well to your attempts to represent different forms of psychological experience. Pieces such as Gender Dysphoria and Agender (Androgynous) really seem to cohere as images without appearing forced or excessively decorative. Keeping a similar size of canvas also helps in making the images seem more focussed and like you're working through a subject systematically (which seems to be feature of some of your more recent works).

The written document that supports your paintings is very useful in detailing the many shows and events you've been involved in recently, and the ongoing applications for residencies and further opportunities is very exciting and shows you working very hard to maintain the momentum with your career. The potential of applying for a PhD programme is also very significant and something you should definitely pursue. One thing to bear in mind (based on the supporting text you've submitted) is that it's important to get your written work proofread and checked for the clarity of the writing. Obviously the university has staff who will help you with this, but if you have a friend or colleague whose opinion on writing you trust you might also ask them to help with checking future writing. You have excellent ideas, and your research subjects are fascinating, just make sure your writing is as clear and coherent as possible, so this work is communicated directly.

Your current work on mental health, neuroscience and neuro diversity is very timely and current, so this subject is a very significant topic that you could pursue in future work in Practice 4. The bibliography you supplied was very useful in indicating the sorts of reading and exhibitions you've been looking at and will provide a useful resource for the future. As was mentioned in the studio presentation you might also find Lynne Cooke's catalogue and exhibition Outliers and American Vanguard Art helpful, as well as some of the writing and exhibitions Jon Thompson put together on the subject of outsider art and art by the neurodiverse such as Inner Worlds Outside and Art Unsolved: The Musgrave Kinley Outsider Art Collection.

Congratulations and well done Christelle, we're looking forward to seeing what you do in the next stage of the course.
Overall Grade
75

PRACTICE 3 L'ÉPREUVE

Bref résumé Cette unité est centrée sur la poursuite des pratiques des étudiants alignées sur la recherche et la sélection de lieux ou de plateformes publics ou professionnels appropriés avec lesquels diffuser un corpus important de travaux.

Grâce à cette unité, il vous sera demandé d'aborder, de proposer, de négocier et de faire progresser un plan de diffusion de votre œuvre.

Les étudiants seront soutenus dans la poursuite de leur pratique en conjonction avec le lancement et l'avancement d'une proposition en vue de son éventuelle diffusion publique, que ce soit par le biais d'une exposition, d'une publication, d'une performance ou d'une autre plateforme appropriée.

ÉVALUATION PERSONNELLE

L'ART EN NEURODIVERGENCE : UN SPECTRE DE POSSIBILITÉS

Je crois qu'il existe une base scientifique sur le pouvoir de guérison derrière la peinture et l'art abstrait.
Avant de commencer le MFA peinture, j'étais fasciné par l'art et la science, je voulais vraiment comprendre comment l'art et la science peuvent se connecter ou collaborer.

Mon premier travail sur la pratique 1 s'est concentré sur l'ADN de la création. Et pendant l'étude, je produis une œuvre inspirée de la nature et des œuvres comme la neuro-peinture, la peinture environnementale, l'Utopie, la Dystopie et maintenant, l'Entropie essaie toujours de comprendre comment la peinture peut nous aider dans notre bien-être pour revivre l'impact négatif.

Des préoccupations environnementales et du changement climatique en utilisant l'abstraction gestuelle et la peinture d'observation pour atteindre mon objectif.

C'est lors de la dernière partie de mes études, l'année dernière au MFA Painting, que j'ai appris cela.
Les collaborations artistiques et scientifiques sont apparues comme une voie captivante pour explorer les systèmes écologiques, leurs valeurs et leur approche complexe.

Ce partenariat dynamique entre des disciplines, traditionnellement considérées comme disparates, a ouvert la voie à de nouvelles idées et perspectives.
En intégrant la pensée créative des artistes et l'approche analytique des scientifiques, ces collaborations offrent une plateforme unique pour approfondir des questions écologiques complexes.

L'étude se penche sur les avantages et les défis importants des collaborations art-science, en se concentrant sur mon parcours de réflexion et en illustrant leur potentiel à approfondir la compréhension des systèmes écologiques, remettent en question les valeurs sociales et favorisent une relation symbolique entre ces deux domaines.

Passant à l'art et à la science ce trimestre, je décide de me concentrer sur la neurodivergence pour produire des œuvres d'art qui aident à simuler la libération de dopamine et à donner au spectateur l'impression d'activer l'hormone du bien-être.
Le développement de mon travail commence avec le mouvement artistique cubisme et l'artiste comme Kandinsky, Picasso, Piet Mondrian, Mark Rothko et Matisse pour développer ma technique mixte d'expression et abstraite pour évoquer l'émotion et le sentiment.

RÉFLEXION CRITIQUE

En me tenant devant ma toile, j'ai rappelé la danse complexe entre l'art et la science et comment leur convergence recèle un immense potentiel pour comprendre et aborder les complexes de l'expérience neurodivergente.

Dans cette peinture, j'ai cherché à explorer l'intersection de l'art et de la science, en particulier dans le domaine des troubles psychiatriques, en m'inspirant du mouvement cubiste révolutionnaire et en lui insufflant des éléments d'abstraction et d'expressionnisme.

Nous reconnaissons que l'art et la science définissent notre culture et pensons qu'en combinaison, ils peuvent transmettre des messages puissants.

Être neurodivergent signifie avoir un cerveau qui fonctionne d'une manière qui s'écarte des normes dominantes de la société. Cela m'intéresse car il a chacun un neuro et un cerveau. Adopter la neurodiversité implique de promouvoir l'acceptation, la compréhension et l'inclusion d'individus ayant diverses idées neurologiques et fausses associées à la neurodivergence.

En tant qu'artiste, j'ai le sens du détail et une sensibilité aux nuances du comportement humain. J'utilise cette compétence pour observer et sympathiser avec les expériences d'individus neurodivergents qui paient ainsi que leurs styles de communication non verbaux et leurs expressions écoclinales. Chercher à comprendre le monde à travers leur point de vue, plutôt que d'imposer mes propres hypothèses ou jugements.

Je veux représenter les neurodivergents dans mon travail, m'efforcer d'aller au-delà des clichés stéréotypés et de les décrire avec un sentiment, une dignité et un respect authentiques.

Évitez de réduire leur identité à un seul trait ou de les définir uniquement par leur neurodivergence. Célébrez plutôt leur diversité et leur résilience à travers des représentations nuancées et multiformes.

Mélanger expressionnisme et techniques abstraites dans mes peintures, c'est pour moi un choix stratégique et dynamique. Particulièrement lorsqu'on explore le thème lié à la neurodivergence. Couche par couche, j'agite ensemble des éléments d'abstraction, permettant aux couleurs et aux formes de se fondre et d'entrer en collision dans une symphonie chaotique mais harmonieuse.

La technique de l'expressionnisme a le potentiel d'évoquer l'empathie et de favoriser la connexion en invitant les spectateurs à sympathiser avec les états émotionnels représentés dans l'œuvre d'art. Pour les individus neurotypiques, rencontrer des représentations d'expériences neurodivergentes peut cultiver la compréhension, la compassion et la solidarité.

Les techniques d'expressionnisme pour une série de peintures neurodivergentes que je produis facilitent une exploration nuancée de la nature multiforme de la neurodivergence, tout en invitant les spectateurs à s'engager dans des thèmes d'empathie, d'individualité et d'authenticité émotionnelle.

Le choix global de la technique expressionniste pour produire une série de peintures neurodivergentes me permet de délibérer sur une décision artistique puissante pour :

Intensité émotionnelle :

Transmettre des émotions intenses et des expériences intérieures à travers des coups de pinceau audacieux, des couleurs vibrantes et des formes déformées. Fournissez le langage visuel de recherche. La subjectivité et l'individualité me permettent de célébrer les perspectives et les identités uniques du travail individuel en tant qu'artiste. Liberté d'expression : Encouragez-moi à briser les contraintes traditionnelles de représentation et à adopter la spontanéité et l'expérimentation.

COULEURS PSYCOLOGIQUES

L'art et sa signification ont changé au fil des années. En tant qu'artiste, je considère les couleurs comme un support de base pour créer des peintures qui correspondent à la forme et qui permettent psychologiquement aux autres de se sentir différents et heureux.

Je vois l'art visuel comme un ensemble d'étapes et de mouvements artistiques, tout comme les beaux-arts, un autre passage des mots pour apprendre la littérature ou interpréter nos émotions et nos sentiments en utilisant le langage visuel.

Ma vision de l'art en tant que guérison est venue lorsque j'ai eu une merveilleuse expérience au cours de maîtrise l'année dernière en effectuant des recherches sur l'artiste des couleurs en psychologie et l'artiste en neurosciences, utiliser la couleur de la psychologie pour travailler sur la toile avec la peinture à l'huile m'a donné la liberté d'expérimenter et de me sentir bien sans attentes.

Je commence à produire de l'art pour guérir via une collaboration avec l'art et la science, quelque chose que je n'ai jamais expérimenté avant de suivre le cours. Cela m'a montré le pouvoir de l'art, qui, à ma grande surprise, a également été soutenu par des tonnes de recherches effectuées à travers le monde sur le l'impact thérapeutique de l'art sur diverses populations.

Aujourd'hui, la peinture fait tellement partie intégrante de ma vie que je la vois être utilisée sous différentes formes chaque jour dans le monde ou auprès des personnes neurodivergentes les plus créatives.

J'ai observé autour de moi le confort que procure la coloration, la peinture et le mouvement d'une certaine manière pour les enfants neurodivergents, la santé mentale, la chirurgie cérébrale et la récupération après un traumatisme au Royaume-Uni. Selon les recherches, la peinture expressionniste peut être utilisée comme art-thérapie permettant à l'individu de se réguler en lui permettant d'explorer différents matériaux et formes d'art dans un environnement sûr. « L'un des objectifs les plus courants de l'art-thérapie expressionniste est d'augmenter la tolérance à la simulation désagréable tout en transformant le comportement d'auto-simulation en une activité plus créative » (Lacour, 2017). Il permet à l'individu de s'engager et de supporter des textures. Ces processus artistiques amusants permettent aux soignants et aux éducateurs de se désensibiliser et de les rendre plus tolérables lorsqu'ils les rencontrent dans la vie quotidienne.

J'expérimente également la peinture avec de la musique. Peindre avec de la musique est une autre forme d'art sur laquelle les gens s'appuient pour se réguler.

Mes expériences et observations du cours MFA Painting sont de nombreuses possibilités qui peuvent être explorées à travers l'art et la science. La peinture est naturelle et fluide, et ses nombreuses formes peuvent être une source de réconfort pour certains, un moyen de communication, ou un facteur d'union pour d'autres. L'art pourrait simplement être le langage universel dont nous avons besoin dans le monde pour collaborer avec la science.

PRATIQUE 3
RESULTAT

Commentaires généraux, y compris les points forts et les domaines de développement futur :

Merci Christelle d'avoir présenté ton travail de la première unité du MFA – ce fut un plaisir de t'entendre parler de ton évolution professionnelle et de ce sur quoi tu travailles depuis septembre. La pratique 3 est principalement axée sur le développement du contexte professionnel de votre travail (donc en développant des liens avec des galeries, des spectacles, des résidences, etc.) et sur la base de votre présentation en studio et du document justificatif, vous avez facilement démontré le niveau de développement requis et satisfait aux critères de base. De l'unité.

L'orientation plus récente de votre pratique vers le sujet de la neurodiversité et de la santé mentale constitue un changement fascinant et, même si votre approche particulière de l'application de la peinture et de la création d'images n'a pas radicalement changé, le nouveau sujet et le nouveau thème vous ont permis d'explorer de nouvelles façons de créer des portraits et des représentations. Votre utilisation de nombreuses techniques formelles et tropes stylistiques (y compris une sorte de perturbation cubiste de l'espace et des plans picturaux) se prête très bien à vos tentatives de représentation de différentes formes d'expérience psychologique. Des pièces telles que Gender Dysphoria et Agender (Androgynous) semblent vraiment cohérentes en tant qu'images sans paraître forcées ou excessivement décoratives. Garder une taille de toile similaire aide également à donner l'impression que les images sont plus ciblées et donnent l'impression que vous travaillez systématiquement sur un sujet (ce qui semble être une caractéristique de certaines de vos œuvres les plus récentes).

Le document écrit qui soutient vos peintures est très utile pour détailler les nombreux spectacles et événements auxquels vous avez participé récemment, et les candidatures en cours pour des résidences et d'autres opportunités sont très excitantes et montrent que vous travaillez très dur pour maintenir l'élan de votre carrière. Le potentiel de postuler à un programme de doctorat est également très important et vous devriez absolument le poursuivre.

Une chose à garder à l'esprit (en fonction du texte justificatif que vous avez soumis) est qu'il est important de faire relire votre travail écrit et de vérifier la clarté de l'écriture. Évidemment, l'université dispose d'un personnel qui vous aidera dans cette tâche, mais si vous avez un ami ou un collègue dont vous avez confiance en son opinion sur l'écriture, vous pouvez également lui demander de vous aider à vérifier vos futurs écrits. Vous avez d'excellentes idées, et vos sujets de recherche sont passionnants, assurez-vous simplement que votre écriture est la plus claire et cohérente possible, afin que ce travail soit communiqué directement.

Vos travaux actuels sur la santé mentale, les neurosciences et la neurodiversité sont très actuels et ce sujet est donc un sujet très important que vous pourriez approfondir dans de futurs travaux dans la pratique 4. La bibliographie que vous avez fournie a été très utile pour indiquer les types de lecture et expositions que vous avez consultées et qui constitueront une ressource utile pour l'avenir. Comme cela a été mentionné dans la présentation du studio, vous pourriez également trouver utiles le catalogue et l'exposition Outliers et American Vanguard Art de Lynne Cooke, ainsi que certains des écrits et expositions que Jon Thompson a rassemblés sur le thème de l'art étranger et de l'art neurodivers tel qu'Inner. Mondes extérieurs et art non résolus : la collection d'art brut Musgrave Kinley.

Félicitations et bravo Christelle, nous avons hâte de voir ce que vous ferez lors de la prochaine étape du cours.

NOTE
75

CULTURE AND CONTEXT: NEGOTIATED STUDY THE BRIEF

Welcome to Negotiated Study!

In what way is your artistic practice a form of negotiation? In this option you will propose and conduct a self-directed project that considers your practice in an interdisciplinary context. How does your practice intersect with ethical concerns surrounding our co-existence on planet Earth?

This option is designed for creative practitioners whose work considers contemporary emergencies that challenge the well-being of human and non-human worlds; for instance, racial, gender and environmental injustice; impact of industry, science, finance and data; and inequality. You will produce a body of work involving a critical question and new experiments that consider the impact and potential power in your methods and materials. This portfolio will accompany a reflective report that critically investigates the wider cultural and ethical context of your practice.

The unit is self-directed, but you will be supported in this by scheduled tutorials with your Tutor. Exact times for individual 1:1 tutorial will be arranged directly by your tutor. Meetings will take place in studios and other communal spaces:

Unit Learning Outcomes: On successful completion of this course unit students will be able to:

1. Research and critically analyze a variety of cultural and critical contexts as relevant to your area of practice.
2. Critique and apply methodologies, as relevant to your area of practice, using a variety of primary and secondary sources.
3. Articulate ideas, knowledge and concepts fluently and with confidence from a well-informed position using appropriate modes of communication.

Assessment: 1500-word report to include portfolio of original artworks or designs) or 3000-word report (without portfolio):

·   The report should be appropriately formatted according to your Negotiated Study aim: eg. academic essay, research proposal, design pitch, a business plan, studio practice, PhD proposal.

·   The report must use referencing (Harvard or Chicago) to acknowledge all secondary research. List all illustrations and figures according to academic convention – this will include contextual research, and visual documentation of studio process and final pieces.

·   Audio and moving-image documentation can be included as web links. Interview transcripts or other supplementary material can be included as appendices, not incl. in total word-count.

EVALUATION
HOW PAINTING CAN ASSIST US WITH OUR WELL-BEING TO RELIVE THNEGATIVE IMPACT OF ENVIRONMENTAL CONCERN AND CLIMAT CHANGE?

As a multidisciplinary Artist Painter focus on Abstract – expressionism painting, the inspiration of my works found anywhere and everywhere from human nature, environmental, ecology travel, climate change, neuroscientists, feeling, emotion, specialism from my imagination.

Bellow my works, the colours and repeat line signification represent actions emotions and thoughts of neuroscience (Figure 3) to create work of Fine Art that celebrate the brain and the works fuse Art and Science.

The main purpose of my work is abstraction painting not to address this time by to encourage involvement and imagination. I want to provoke from the viewers brain an intangible and emotional experience, being completely different for everyone, depending on their personal and mood, when looking at my painting. My recent work was focus on Human Nature, it allowed me to find out what need to happen on the surface trough the act of making the painting.

As I paint to denounce, I use abstract Art painting to achieve my goal because abstract art can create a profound impression on a viewer even if it is not explicit pointing to something specific. Abstract work allows people the freedom to assign their own meaning to the work, whilst having a dramatic impact on that individual. Abstract art is where we began and where we have returned. It makes our brains hurt, but in all the right ways, force us to see, and think differently. In my painting, elements are included not as visual reproductions of objects, but as reference or clues to how I conceptualize objects over abstract art. As an artist, I give everything to brain expects and knows automatically how to handle. it looks like real live.

That is the reason why my work will never look similar as I am an interdisciplinary Painter w The main purpose of this unit is the culture and context of reliving environmental concerns and the negative effects of climate change and how
painting can help our well-being. My previous research was on human nature and insights into human nature. We can find happiness, society, culture and tradition. And culture had language, religion, climate, tradition, and history. According to my research on Wikipedia, "Culturology is the socio- humanitarian science that studies the development and existential impact of spiritual and material culture in human societies.

This painting represents a set of value and imagination of a way of being and organizing human life creativity and activities like a church that develop with the world. All culture affects emotions like happiness and fear and obsession, love and rejection, well-being and are sometimes perceived a fundamental aspect of the human experience.
I always be fascinated by the question of non-Human world until I take a trip to JOYA Spain.
Joya the place refers to nature defined as non-human nature place with an untouched space separated from human population where the inspiration grows and contribute to our well-being, emotion and felling.
Joya Air gave me the deep understanding of how painting can connect to science ecologically to resolve a problem related to our health and well-being to found balance without taking discomfort on climate change and environmental impact.

I started my project focused on the interpretation cultural objects in painting with the method of observational and environmental using novel platform like Landforms, the climate changing, the Air, the Natural vegetation like flowers and trees around the mountains, collecting stone from different colours to build the colours pallet base on the environmental and event related- potentials to explore how interpersonal variability can affected people mental health and improve the brains function due to the climate change and how it's may affect socio-cognitive process underlying and individual's behaviour in a social environment context, in addition to effect on learning outcomes, lifestyle and decision making.

To achieve this, I am starting by observed the landscape, inspired by the landforms, shape, line, natural colours, Air Mountains, Space around the bush, inspired by the ecological and environmental to produce a series of mixed and different painting from ecology, environmental, climate change and neurological painting.

For me, they're all link to the brain, well-being and science and all of them call Human Nature my starting point. My series of painting engages with the inspiration I got during my residency stay in JOYA air from my artistic viewpoint, to find engagement, connections and dialogues with the fine art the way my painting could connect to science.

CONCLUSION

As an Artist, creating have being part of my imagination from over 10 years and since I joint the course, I decided to challenge myself by painting before research the artist relate to my own method.

I first start any project by collecting material, using my imagination to figure out my understanding according to the project matter, paint myself out, research artist when I stock, then, touch and go. I think artist should not copy another artist. Artist should create so I am a creator, I make things happened.

However, now I have I deep understanding and experience to human and non-human nature and, I think to take this research further by continue next year for PhD research onto practice in Painting.

NEGOTIATED STUDY ART AND DESIGN: CULTURE AND CONTEXT

FEEDBACK

Comments:

Well done, Christelle, you have provided evidence of a sufficient ability to research and contextualise your recent negotiated study project, which was primarily concerned with painting and well-being 'How Painting can assist us with our well-being to relieve the negative impact of environmental concerns and climate change?' This question is very broad and though you introduce and discuss the inspirations behind your painting practice, being less broad will enable a more in-depth approach. Key issues and concepts require a more informed discussion, as there is limited evidence to wider debate regarding contemporary practices. You have included a good range of visual references to artists/ neuroscience artists who have inspired the content/ colours etc of some of your pieces, but a further analysis and justification is required. Are these images of brain activity whilst experiencing nature/ being in nature/ or engaging with art (through making or looking)? Further explanations are required.

Painting and creative therapies are valuable tools for improving and promoting well-being as they relieve stress, help to promote relaxation, and positivity. Through the action of painting nature, we engage with the natural world on some level, and this can be crucial in the face of environmental challenges, enabling a deeper sense of gratitude and respect for the natural environment. You have established a connection between being in nature and well-being and have attempted to demonstrate this through painterly responses whilst in Joya, resulting in a prolific series of colourful, dynamic, and engaging pieces. Perhaps further discussion regarding audience, a clinical context or art in civic spaces should be explored and addressed.

Mark: 52

CULTURE ET CONTEXTE : ÉTUDE NÉGOCIÉE LE BREF

Bienvenue dans l'étude négociée !

En quoi votre pratique artistique est-elle une forme de négociation ? Dans cette option, vous proposerez et mènerez un projet autodirigé qui considère votre pratique dans un contexte interdisciplinaire. Comment votre pratique recoupe-t-elle les préoccupations éthiques entourant notre coexistence sur la planète Terre ?

Cette option est conçue pour les praticiens créatifs dont le travail considère les urgences contemporaines qui remettent en question le bien-être des mondes humains et non humains ; par exemple, l'injustice raciale, sexiste et environnementale ; impact de l'industrie, de la science, de la finance et des données ; et les inégalités. Vous produirez un ensemble de travaux impliquant une question critique et de nouvelles expériences qui prennent en compte l'impact et la puissance potentielle de vos méthodes et matériaux. Ce portfolio accompagnera un rapport de réflexion qui examine de manière critique le contexte culturel et éthique plus large de votre pratique.

L'unité est autodirigée, mais vous serez soutenu dans cette tâche par des tutoriels programmés avec votre tuteur. Les horaires exacts des tutoriels individuels 1:1 seront fixés directement par votre tuteur. Les réunions auront lieu dans les studios et autres espaces communs :

Résultats d'apprentissage de l'unité : À la fin de cette unité de cours, les étudiants seront capables de :

1. Recherchez et analysez de manière critique une variété de contextes culturels et critiques pertinents pour votre domaine de pratique.

2. Critiquez et appliquez les méthodologies pertinentes à votre domaine de pratique, en utilisant une variété de sources primaires et secondaires.
3. Articuler des idées, des connaissances et des concepts avec fluidité et confiance à partir d'une position bien informée en utilisant des modes de communication appropriés.

Évaluation : rapport de 1 500 mots incluant un portfolio d'œuvres d'art ou de designs originaux) ou rapport de 3 000 mots (sans portfolio) :
• Le rapport doit être formaté de manière appropriée en fonction de l'objectif de votre étude négociée : par exemple. Essai académique, proposition de recherche, argumentaire de conception, plan d'affaires, pratique en studio, proposition de doctorat.

• Le rapport doit utiliser des références (Harvard ou Chicago) pour reconnaître toutes les recherches secondaires. Répertoriez toutes les illustrations et figures selon la convention académique – cela comprendra la recherche contextuelle et la documentation visuelle du processus de studio et des pièces finales.

• La documentation audio et en images animées peut être incluse sous forme de liens Web. Les transcriptions des entretiens ou tout autre matériel supplémentaire peuvent être inclus en annexe, non inclus. En nombre total de mots.

ÉVALUATION
COMMENT LA PEINTURE PEUT-ELLE NOUS AIDER À NOTRE BIEN-ÊTRE À REVIVRE L'IMPACT NÉGATIF DES PRÉOCCUPATIONS ENVIRONNEMENTALES ET DU CHANGEMENT CLIMATIQUE ?

En tant qu'artiste peintre multidisciplinaire, je me concentre sur la peinture abstraite et expressionniste, l'inspiration de mes œuvres trouvée partout et partout dans la nature humaine, l'environnement, les voyages écologiques, le changement climatique, les neuroscientifiques, les sentiments, les émotions, la spécialisation de mon imagination.

Sous mes œuvres, les couleurs et la signification des lignes répétées représentent les actions, les émotions et les pensées des neurosciences (Figure 3) pour créer des œuvres d'art qui célèbrent le cerveau et les œuvres fusionnent l'art et la science.

Le but principal de mon travail est la peinture abstraite, non pas pour aborder cette période mais pour encourager l'implication et l'imagination. Je veux provoquer dans le cerveau du spectateur une expérience intangible et émotionnelle, complètement différente pour chaque individu, en fonction de son humeur personnelle et de son humeur, lorsqu'il regarde ma peinture. Mon travail récent était axé sur la nature humaine, il m'a permis de découvrir ce qui doit se passer à la surface à travers l'acte de réaliser la peinture.

Alors que je peins pour dénoncer, j'utilise la peinture d'art abstrait pour atteindre mon objectif, car l'art abstrait peut créer une impression profonde sur le spectateur même s'il ne désigne pas préciser quelque chose de spécifique. Le travail abstrait donne aux gens la liberté d'attribuer leur propre sens à l'œuvre, tout en ayant un impact dramatique sur cet individu.

L'art abstrait est notre point de départ et notre retour. Cela fait nous mal au cerveau, mais de toutes les bonnes manières, cela nous oblige à voir et à penser différemment. Dans ma peinture, les éléments ne sont pas inclus comme des reproductions visuelles d'objets, mais comme des références ou des indices sur la façon dont je conceptualise les objets par rapport à l'art abstrait. En tant qu'artiste, je donne tout ce que le cerveau attend et sait automatiquement comment le gérer. ça ressemble au vrai live.

C'est la raison pour laquelle mon travail ne se ressemblera jamais car je suis un peintre interdisciplinaire. L'objectif principal de cette unité est la culture et le contexte de revivre les préoccupations environnementales et les effets négatifs du changement climatique et comment la peinture peut contribuer à notre bien-être. Mon précédent la recherche portait sur la nature humaine et sur la compréhension de la nature humaine. Nous pouvons trouver le bonheur, la société, la culture et la tradition. Et la culture avait une langue, une religion, un climat, une tradition et une histoire. Selon mes recherches sur Wikipédia, « la culturologie est la science socio-humanitaire qui étudie le développement et l'impact existentiel de la culture spirituelle et matérielle dans les sociétés humaines.

Cette peinture représente un ensemble de valeurs et d'imagination d'une manière d'être et d'organiser la créativité et les activités de la vie humaine comme une église qui se développe avec le monde. Toute culture affecte des émotions comme le bonheur, la peur et l'obsession, l'amour et le rejet, le bien-être et est parfois perçue comme un aspect fondamental de l'expérience humaine.

J'ai toujours été fasciné par la question du monde non-humain jusqu'à ce que je fasse un voyage à JOYA Espagne.
Joya le lieu fait référence à la nature définie comme un lieu naturel non humain avec un espace intact séparé de la population humaine où l'inspiration grandit et contribue à notre bien-être, à notre émotion et à notre sentiment.
Joya Air m'a permis de comprendre profondément comment la peinture peut se connecter écologiquement à la science pour résoudre un problème lié à notre santé et à notre bien-être afin de trouver un équilibre sans ressentir d'inconfort face au changement climatique et à l'impact environnemental.

J'ai commencé mon projet axé sur l'interprétation des objets culturels en peinture avec la méthode d'observation et environnementale en utilisant de nouvelles plates-formes comme les reliefs, le changement climatique, l'air, la végétation naturelle comme les fleurs et les arbres autour des montagnes, en collectant des pierres de différentes couleurs pour construire. la palette de couleurs est basée sur les potentiels liés à l'environnement et aux événements pour explorer comment la variabilité interpersonnelle peut affecter la santé mentale des personnes et améliorer le fonctionnement du cerveau en raison du changement climatique et comment elle peut affecter le processus socio-cognitif sous-jacent et le comportement de l'individu dans un contexte d'environnement social , en plus de l'effet sur les résultats d'apprentissage, le style de vie et la prise de décision.

Pour y parvenir, je commence par observer le paysage, inspiré par les reliefs, la forme, la ligne, les couleurs naturelles, les Montagnes de l'Air, l'Espace autour de la brousse, inspiré par l'écologie et l'environnement pour produire une série de peintures mixtes et différentes issues de l'écologie, peinture environnementale, climatique et neurologique.

Pour moi, ils sont tous liés au cerveau, au bien-être et à la science et tous appellent la Nature Humaine mon point de départ.

Ma série de peintures s'inspire de l'inspiration que j'ai reçue lors de mon séjour de résidence à JOYA air de mon point de vue artistique, pour trouver un engagement, des connexions et des dialogues avec les beaux-arts de la même manière que ma peinture pourrait se connecter à la science.

CONCLUSION

En tant qu'artiste, créer fait partie de mon imaginaire depuis plus de 10 ans et depuis que j'ai rejoint le cursus, j'ai décidé de me lancer un défi en peignant avant de rechercher l'artiste en rapport avec ma propre méthode.

Je commence tout projet en collectant du matériel, en utilisant mon imagination pour déterminer ma compréhension en fonction du sujet du projet, en me peignant, en recherchant un artiste lorsque je stocke, puis en touchant et c'est parti.

Je pense qu'un artiste ne devrait pas copier un autre artiste. L'artiste doit créer, donc je suis un créateur, je fais bouger les choses.

Cependant, j'ai maintenant une compréhension et une expérience profondes de la nature humaine et non humaine et je pense pousser cette recherche plus loin en poursuivant l'année prochaine une recherche de doctorat sur la pratique de la peinture.

ÉTUDE NÉGOCIÉE ART ET DESIGN : CULTURE ET CONTEXTE

RESULTAT

Commentaires :

Bravo, Christelle, vous avez démontré une capacité suffisante de recherche et de contextualisation de votre récent projet d'études négocié, qui concernait principalement la peinture et le bien-être "Comment la peinture peut nous aider dans notre bien-être pour soulager l'impact négatif des préoccupations environnementales et du changement climatique ?' Cette question est très large et même si vous présentez et discutez des inspirations derrière votre pratique de la peinture, être moins large permettra une approche plus approfondie. Les questions et concepts clés nécessitent une discussion plus éclairée, car il existe peu de preuves d'un débat plus large sur les pratiques contemporaines. Vous avez inclus une bonne gamme de références visuelles à des artistes/artistes en neurosciences qui ont inspiré le contenu/les couleurs, etc. de certaines de vos pièces, mais une analyse et une justification plus approfondies sont nécessaires. S'agit-il d'images de l'activité cérébrale tout en faisant l'expérience de la nature/en étant dans la nature/ou en s'engageant dans l'art (en créant ou en regardant) ? Des explications supplémentaires sont nécessaires.

La peinture et les thérapies créatives sont des outils précieux pour améliorer et promouvoir le bien-être car elles soulagent le stress, contribuent à favoriser la relaxation et la positivité. En peignant la nature, nous nous engageons dans une certaine mesure avec le monde naturel, ce qui peut s'avérer crucial face aux défis environnementaux, permettant ainsi un sentiment plus profond de gratitude et de respect de l'environnement naturel. Vous avez établi un lien entre l'être dans la nature et le bien-être et avez tenté de le démontrer à travers des réponses picturales à Joya, ce qui a donné lieu à une série prolifique d'œuvres colorées, dynamiques et engageantes. Peut-être faudrait-il explorer et aborder d'autres discussions concernant le public, le contexte clinique ou l'art dans les espaces civiques.

Note : 52

PROFESSIONAL AND PRACTICE THE BRIEF
MFA Contemporary Curating, MA Fine Art, MA Painting

Brief Summary

This new unit extends the students' understanding of the professional context of contemporary Fine Art, Curatorial and Painting practices.

Through an examination of artworld institutions and structures students are guided to consider a range of possible positions that the contemporary artist or curator can occupy in the professional domain.

The unit will extend students' experience into the professional sphere, either through a practical project, research context, exchange, work experience, or other negotiated professional set of interactions with an external partner and/or peer group of students.

PERSONAL EVALUATION

The given brief intends us to understanding of the professional context of contemporary Fine Art Painting Practice.

As a multidisciplinary Artist Painter focus on Abstract-Expressionism Art,

Inspiration of my works found anywhere and everywhere focus on Human Nature, Art and science like environmental, Ecological, climate change, neuroscientists, especially from my imagination to produce my series of paintings.

Bellow my artworks, the colours and significations represent different actions emotions and thought of neuroscience to create works of Fine Art that celebrate the brain and the works fuse Art and science.

These paintings are dedicated to the Neuroscientists, phycologists, psychiatrists, Neurologists, and Neurosurgeons who explore the brain's beauty more importantly, my collection is dedicated for home, office, corporate office, Commercial Lobby, Hotel, Restaurant, Hospital or any public space and of course commercial Gallery or museum of science.

Actually, my project is consisted to a neurologist painting, inspired by the neuroscientists and the natural psychology colours over the 20 decades.

Taking part of this unis allow me to deeply understands the pathway in the professional life of a contemporary British practitioner artist painting.

We start a journey with a series of seminar learn how to locate ourselves in the future after the art school and graduation in the professional way and the starting point whatever you will work as a freelancer artist or town artist, academically, the course teaches us how to promote our work or present ourselves, approach the potential clients, private clients, studio sales, commercial galleries, apply for art fairs exhibitions.

I have an opportunity to take a trip in Spain at JOYA Artist residency.
Joya Air is a Nonprofit Arts residency developed by Artists for artists and open to everyone.
Joya it's a unique place to stimulating and contemplative environment for Artists and writers, it's a multi-disciplinary residency

At Joya, my inspiration focuses on the observation of landscape, stone collection, inspired by the landforms, shape, line natural colour inspired by ecological and environmental colour to produce my colour palette which it was match to my style and theme. I learnt about the purpose of the Artist residency, and I can say if is right for me or not.

During our stay we explore the view and work individually on my project at JOYA, I focus on the interpretation cultural object in painting observational and environmental using novel experimental the platform like landform the climate changing, the air, the natural vegetation like flowers and tree around the mountains, collecting stones from different colours to build the colours pallet base on the environmental and even related-potentials to explore how interpersonal variability can affected people mental health and improve the brains function and our thought due to the climate change and how it may affect socio-cognitive process underlying and individuals behaviour in a social environment context, in addition to affect learning outcomes, lifestyle and decision making.

From my return from JOYA, my head was full of inspiration so I had to introduce ecology, environment and climate change in my project and anyway, I stay in my main inspiration Human nature, Art and science.
I start researching the Gallery and art competitions match to my firm before I apply.

I sent the application for different Open Call after I ensure my work was ready for a potential gallery looking for new artist and student by trying my best to send the work who have a similarity it's make me sent triplex because I paint to respond and my work can be different according to the purpose I painting to by sending a triplex, my work will look like it was create by the same artist.

I also generate a little illustration of my painting with Canva my work appears on mock- up and put the history behind each work and share them on my what's up story and received a feedback for them. It allows me to see which work people like more and will be happy to have them in their living room.

I applied for several exhibition applications, individual and group proposal for K-house and artist completion in and around the world even some of them was unsuccessful, I learn a lot about how to proceed next time and how to apply in the future.

Registered on a various Art network to promote myself like ARTCHIVES, ARTQUEST and one of the important one is AXISWEB is a independent Arts Charity committed to provide a platform to support artists and profile what they do to foster a more engaged and diverse community of artists, commissioners and audiences. They also collaborate with artist, producer, curators, commissioners and organisations who share their values and seek to work with support and profile like me.

About my practice, I have register with the Artist Union and beneficial with the LLP insurance they cover you during the exhibition and in the gallery, art fair.
In addition to Artwork sales, exhibitions and solo exhibition, I intend to license images for books cover, magazine, Films, nonprofits and educational platforms.

With Artquest, I had an opportunity to enter the competition 30works30days Arquest Crit and unfortunately, I forgot the starter day and I was out.
I am looking forward the enter to the next competition. I attend a private view in gallery and artist private view to create an opportunity.

Although the Gallery need us and work with the percentage 50/50, it's very difficult to get there. So, I decide to promote my work after the MA SHOW, I will make my first solo exhibition at SAAN 1 ART GALLY Kevin Street Northern Quarter, Manchester.

First Solo Exhibition will be on the theme of ECOLOGY on small Canvas. I will invite the potential buyer, manager from Art Gallery, Curators, collectors, Interior Designer, Art Directors, Architecture Designer, and other people in Agency work on Ecologist project for a private view. Second Solo Exhibition at INCHARTS GALLERY on the Theme Human Nature Special Big and large Canvas.

The exhibitions I will invite will be multi-discipline works: Environmental, Ecology painting, Climate Change, Neurology Painting, Utopia, the Project will call the Fine Art Language. At this exhibitions, I will invite for the private show:

The Curators, gallery's Manager or staff, Writer and Publisher, Architect-Designer, Interiors Designer, Photographer, Filmmaker producer, Neuroscientist, buyer manager restaurant, hotel and Therapist press release, Art Journalist
The solo exhibition will host for a month I will sale a ticket for visitor to cover the fee and apply for a grant to cover the potentials I will probably host a curator to help me with the event. During my research, I also learn how to copyright my work on the public space.

I will include copyright notice to stress that they can only use the image with my permission. And finally run a third exhibition in my Space on- going-day-to-day Exhibition. Work in collaboration with the potential Artist who are willing to work with me for Art festival according to the project. About the Grant, I am still working to apply for the potential grand fit to all the project I am setting up.
For my future carrier, I will take a next step by applying for the program Freeland's painting fellowship.

The foundation support artists and arts organisations across the breadth of the UK to develop and present original ideas and practices.

Their initiative is a unique programme of residencies, workshops and resources for art teacher and educators. The organisation commission research what explores the value that

art and culture bring to society. They also commit to address racial inequality in the art sector.

"Each of the four organisations develop a series of two-year programmes and select a cohort of five artists to take part each year. There are a total of four cohorts of artists across five years. The details and approach of each programme are distinct and are based around the specific needs of the artists within each organisation's community and the unique opportunities or challenges presented by their broader context. Certain elements of the different organisations' programmes are found throughout the programmes, for example, each artist participating on the programme receives an annual grant of £5k, as well as the opportunity to take part in talks, workshops and other programmed events and a budget for travel. Some partner organisations also provide artists with opportunities to access studio space and/or exhibitions.

In addition to the series of workshops for the artists across the programme that take place each month, the Foundation organises an annual symposium. At the end of the two years on the programme, the artists are foregrounded in the Foundation's programming through a publication, exhibition and a series of public events."

Taking part of the programme will benefit me with my carrier as an Artist Painter.

PROFESSIONAL AND PRACTICE FEEDBACK

- Areas of Strength in the Unit.

This is a well written submission. You have clearly demonstrated your understanding of how to access and navigate opportunities through effective research. You are incredibly active and impressively determined, not only in seeking out opportunities, but to provide yourself with them also. You are also a very competent leader and instigator. Now your practice is developing quickly, and you are accumulating a body of work, this work will be the foundation of any subsequent applications. Your confidence is building up nicely - your determination to press on and develop future opportunities bodes well. You really convey your commitment to painting and I'm sure you will be able to find the balance to continue working on your artistic development with the business of everyday life. Your commitment is full, your determination admirable. I am not sure there is much more you can do – other than to keep pressing.

- Aspects for improvement.
- C.V – please try to write a C.V, you will need this if you make applications for residencies, competitions, and gallery representation.
- 5-year plan – your submission would have benefitted from writing a timeline – a plan for the next 5 years, so that you can manage in a realistic way how to fulfil your ambitions and intentions
- Artist statement - Perhaps we can look at your artist statement at some point? it would be beneficial to articulate your current concerns about the environment, and how you address this in your work.

GRADE 62

LE RÉSULTAT

Bref résumé Cette nouvelle unité élargit la compréhension des étudiants du contexte professionnel des pratiques contemporaines des beaux-arts, de la conservation et de la peinture. Grâce à un examen des institutions et des structures du monde de l'art, les étudiants sont amenés à considérer une gamme de postes possibles que l'artiste ou le conservateur contemporain peut occuper dans le domaine professionnel.

L'unité prolongera l'expérience des étudiants dans la sphère professionnelle, soit par le biais d'un projet pratique, d'un contexte de recherche, d'un échange, d'une expérience de travail ou d'un autre ensemble d'interactions professionnelles négociées avec un partenaire externe et/ou un groupe de pairs d'étudiants.

ÉVALUATION PERSONNELLE

Le mémoire donné nous vise à comprendre le contexte professionnel de la pratique contemporaine de la peinture des beaux-arts.

En tant qu'artiste peintre multidisciplinaire axé sur l'art abstrait-expressionnisme,
L'inspiration de mes œuvres trouvées partout et partout se concentre sur la nature humaine, l'art et la science comme l'environnement, l'écologie, le changement climatique, les neuroscientifiques, en particulier de mon imagination pour produire ma série de peintures.
Sous mes œuvres, les couleurs et les significations représentent différentes actions, émotions et pensées des neurosciences pour créer des œuvres d'art qui célèbrent le cerveau et les œuvres fusionnent l'art et la science.
Ces peintures sont dédiées aux neuroscientifiques, phycologues, psychiatres, neurologues et neurochirurgiens qui explorent la beauté du cerveau. Plus important encore, ma collection est dédiée à la maison, au bureau, au siège social, au hall commercial, à l'hôtel, au restaurant, à l'hôpital ou à tout espace public et de Bien sûr, galerie commerciale ou musée des sciences.

En fait, mon projet consiste en une peinture de neurologue, inspirée des couleurs des neuroscientifiques et de la psychologie naturelle des 20 décennies.

Faire partie de cette université me permet de comprendre en profondeur le parcours professionnel d'un artiste britannique pratiquant la peinture contemporaine.

Nous commençons un voyage avec une série de séminaires pour apprendre à nous situer dans le futur après l'école d'art et l'obtention du diplôme de manière professionnelle et le point de départ, quel que soit votre travail en tant qu'artiste indépendant ou artiste urbain, sur le plan académique, le cours nous apprend comment pour promouvoir notre travail ou nous présenter, démarcher des clients potentiels, des clients privés, des ventes d'ateliers, des galeries commerciales, postuler à des expositions dans des foires d'art.

J'ai l'opportunité de faire un voyage en Espagne dans le cadre de la résidence d'artiste JOYA.
Joya Air est une résidence artistique à but non lucratif développée par des artistes pour les artistes et ouverte à tous.

Joya c'est un lieu unique d'environnement stimulant et contemplatif pour les artistes et écrivains, c'est une résidence multidisciplinaire
Chez Joya, mon inspiration se concentre sur l'observation du paysage, la collection de pierres, inspirée des reliefs, de la forme, des lignes, des couleurs naturelles inspirées des couleurs écologiques et environnementales pour produire ma palette de couleurs qui correspondait à mon style et à mon thème. J'ai découvert le but de la résidence d'artiste et je peux dire si cela me convient ou non.

Pendant notre séjour, nous explorons la vue et travaillons individuellement sur mon projet à JOYA. Je me concentre sur l'interprétation de l'objet culturel dans la peinture observationnelle et environnementale en utilisant de nouvelles expériences expérimentales, la plate-forme comme le relief, le changement climatique, l'air, la végétation naturelle comme les fleurs et les arbres autour. les montagnes, collectant des pierres de différentes couleurs pour construire la base de la palette de couleurs sur les potentiels environnementaux et même associés pour explorer comment la variabilité interpersonnelle peut affecter la santé mentale des personnes et améliorer le fonctionnement du cerveau et notre pensée en raison du changement climatique et comment cela peut affecter processus socio-cognitif sous-jacent et comportement des individus dans un contexte d'environnement social, en plus d'affecter les résultats d'apprentissage, le mode de vie et la prise de décision.

Dès mon retour de JOYA, j'avais la tête pleine d'inspiration donc j'ai dû introduire l'écologie, l'environnement et le changement climatique dans mon projet et de toute façon, je reste dans mon inspiration principale la nature Humaine, l'Art et la science.

Je commence à rechercher la galerie et les concours d'art correspondant à mon entreprise avant de postuler.

J'ai envoyé la candidature pour différents appels ouverts après m'être assuré que mon travail était prêt pour une galerie potentielle à la recherche d'un nouvel artiste et étudiant en faisant de mon mieux pour envoyer le travail qui présente une similitude, cela m'a fait envoyer un triplex parce que je peins pour répondre et mon travail peut être différent selon le but pour lequel je peins en envoyant un triplex, mon travail aura l'air d'avoir été créé par le même artiste.

Je génère également une petite illustration de ma peinture avec Canvas, mon travail apparaît sur une maquette, je mets l'histoire derrière chaque œuvre et je la partage dans mon histoire Quoi de neuf et j'ai reçu un retour pour eux. Cela me permet de voir quel travail les gens aiment le plus et seront heureux de les avoir dans leur salon.

J'ai postulé pour plusieurs candidatures d'exposition, de propositions individuelles et de groupe pour la K-house et d'artistes dans et autour du monde, même certaines d'entre elles n'ont pas abouti. J'ai beaucoup appris sur la manière de procéder la prochaine fois et sur la manière de postuler à l'avenir.

Inscrit sur divers réseaux artistiques pour me promouvoir comme ARTCHIVES, ARTQUEST et l'un des plus importants est AXISWEB est une organisation caritative artistique indépendante qui s'engage à fournir une plate-forme pour soutenir les artistes et profiler ce qu'ils font pour favoriser une communauté d'artistes plus engagée et diversifiée, commissaires et publics. Ils collaborent également avec des artistes, producteurs, conservateurs, commissaires et organisations qui partagent leurs valeurs et cherchent à travailler avec un soutien et un profil comme moi.

Concernant ma pratique, je suis inscrite auprès de l'Union des Artistes et bénéficie de l'assurance LLP qu'ils vous couvrent pendant l'exposition et en galerie, foire d'art.

En plus des ventes d'œuvres d'art, des expositions et des expositions personnelles, j'ai l'intention d'octroyer des licences d'images pour des couvertures de livres, des magazines, des films, des organisations à but non lucratif et des plateformes éducatives.

Avec Artquest, j'ai eu l'opportunité de participer au concours 30works30days Arquest Crit et malheureusement, j'ai oublié le starter day et j'ai été éliminé.

J'ai hâte de participer au prochain concours. J'assiste à un vernissage en galerie et à un vernissage d'artiste pour créer une opportunité. Même si la Galerie a besoin de nous et travaille avec un pourcentage 50/50, il est très difficile d'y arriver. Alors, je décide de promouvoir mon travail après le MA SHOW, je ferai ma première exposition personnelle au SAAN 1 ART GALLY Kevin Street Northern Quarter, Manchester.

La première exposition personnelle sera sur le thème de l'ÉCOLOGIE sur petite toile. J'inviterai l'acheteur potentiel, le responsable de la galerie d'art, les conservateurs, les collectionneurs, l'architecte d'intérieur, les directeurs artistiques, le concepteur d'architecture et d'autres personnes de l'agence travaillant sur le projet Ecologist pour une visite privée.

Deuxième Exposition Solo à INCARTS GALLERY sur le Thème Human Nature Spécial Grande et grande Toile. Les expositions que j'inviterai seront des œuvres multidisciplinaires : Environnement, Peinture écologique, Changement climatique, Peinture neurologique, Utopie, le projet appellera le langage des beaux-arts. Lors de cette exposition, j'inviterai pour l'exposition privée : Les conservateurs, gérant ou personnel de la galerie, écrivain et éditeur, architecte-designer, décorateur d'intérieur, photographe, cinéaste producteur, neuroscientifique, acheteur gérant restaurant, hôtel et thérapeute communiqué de presse, journaliste d'art.

L'exposition personnelle sera hébergée pendant un mois. Je vendrai un billet au visiteur pour couvrir les frais et demanderai une subvention pour couvrir les potentiels. J'accueillerai probablement un conservateur pour m'aider dans l'événement.

Au cours de mes recherches, j'apprends également à protéger mon travail sur l'espace public.
J'inclurai un avis de droit d'auteur pour souligner qu'ils ne peuvent utiliser l'image qu'avec ma permission. Et enfin organiser une troisième exposition dans mon Espace, une exposition quotidienne.

Travailler en collaboration avec les artistes potentiels qui souhaitent travailler avec moi pour un festival d'art selon le projet. Concernant la bourse, je travaille toujours pour postuler à la potentielle grande adéquation à tous les projets que je mets en place.
Pour ma future carrière, je passerai à l'étape suivante en postulant au programme Freeland's Painting Fellowship.

La fondation soutient les artistes et les organisations artistiques de tout le Royaume-Uni pour développer et présenter des idées et des pratiques originales.

Leur initiative est un programme unique de résidences, d'ateliers et de ressources pour les professeurs d'art et les éducateurs. L'organisation commande une recherche sur ce qui explore la valeur qui l'art et la culture apportent à la société. Ils s'engagent également à lutter contre les inégalités raciales dans le secteur de l'art.

« Chacune des quatre organisations développe une série de programmes de deux ans et sélectionne une cohorte de cinq artistes qui y participeront chaque année.

Il existe au total quatre cohortes d'artistes réparties sur cinq ans. Les détails et l'approche de chaque programme sont distincts et sont basés sur les besoins spécifiques des artistes au sein de la communauté de chaque organisation et sur les opportunités ou défis uniques présentés par leur contexte plus large.

Certains éléments des programmes des différentes organisations se retrouvent tout au long des programmes, par exemple, chaque artiste participant au programme reçoit une subvention annuelle de 5 000 £, ainsi que la possibilité de participer à des conférences, ateliers et autres événements programmés et un budget. Pour voyager. Certaines organisations partenaires offrent également aux artistes la possibilité d'accéder à des studios et/ou à des expositions.

En plus de la série d'ateliers destinés aux artistes du programme qui ont lieu chaque mois, la Fondation organise un colloque annuel. Au terme des deux années de programmation, les artistes sont mis en avant dans la programmation de la Fondation à travers une publication, une exposition et une série d'événements publics.
Faire partie du programme me sera bénéfique dans le cadre de ma carrière d'artiste peintre.

RETOUR PROFESSIONNEL ET PRATIQUE RÉSULTAT

• Points forts de l'unité.
Il s'agit d'une soumission bien écrite. Vous avez clairement démontré votre compréhension de la manière d'accéder aux opportunités et de les exploiter grâce à une recherche efficace. Vous êtes incroyablement actif et incroyablement déterminé, non seulement pour rechercher des opportunités, mais également pour vous les offrir. Vous êtes également un leader et un instigateur très compétent. Maintenant que votre pratique se développe rapidement et que vous accumulez un corpus de travail, ce travail constituera la base de toute application ultérieure. Votre confiance se construit bien – votre détermination à persévérer et à développer de futures opportunités est de bon augure. Vous transmettez vraiment votre engagement envers la peinture et je suis sûr que vous saurez trouver l'équilibre pour continuer à travailler votre développement artistique avec les affaires de la vie quotidienne. Votre engagement est total, votre détermination admirable. Je ne suis pas sûr que vous puissiez faire grand-chose de plus – à part continuer à insister.

• Aspects à améliorer.
• C.v – veuillez essayer de rédiger un C.V, vous en aurez besoin si vous postulez pour des résidences, des concours et une représentation en galerie.
• Plan sur 5 ans – votre soumission aurait gagné à rédiger un calendrier – un plan pour les 5 prochaines années, afin que vous puissiez gérer de manière réaliste comment réaliser vos ambitions et vos intentions.
• Déclaration d'artiste - Peut-être pourrions-nous examiner votre déclaration d'artiste à un moment donné ? il serait utile d'exprimer vos préoccupations actuelles concernant l'environnement et la manière dont vous les abordez dans votre travail.

NOTE 62

PRACTICE 4 THE BRIEF: REALISATION AND PUBLICATION

Brief Summary

This is the final unit towards an MFA award in which you are required to realize a significant body of work for a public audience in whatever form is most appropriate along with any implicit publicity and dissemination material.

This unit builds upon practice and work initiated and developed in earlier units and as such will be used as a realization and publication of an ambitious and autonomous final exposition/outcome.

The aims of this unit are for you as an individual or as part of a collaborative team to realize an ambitious and significant body of work and to generate a professional launch pad suitable for its public presentation. This is intended to include the production of any necessary dissemination and publicity materials. One key aspect will be to seek and engage with peer/public critical review within the appropriate field, and will include a self-authored critical appraisal/position

This unit builds upon practice and work initiated and developed in earlier units and as such will be used as a realisation and publication of an ambitious and autonomous final exposition/outcome.

The aims of this unit are for you as an individual or as part of a collaborative team to realise an ambitious and significant body of work and to generate a professional launch pad suitable for its public presentation. This is intended to include the production of any necessary dissemination and publicity materials. One key aspect will be to seek and engage with peer/public critical review within the appropriate field and will include a self-authored critical appraisal/position statement. It aims to promote fully realised professional endeavours across a full range of disciplines in whatever forms are most appropriate to individual practices. This unit will consolidate the planning, preparation and negotiation put in place during the previous unit.

PROJECT PROPOSAL WRITING FOR PRACTICE 4

PhD THESIS PROPOSAL
HOW CAN ADVANCES IN NEUROCOGNITIVE SCIENCE ENHANCE ECOLOGICAL CONVERSATION STRATEGIES?

PROJECT TITLE

Brushstrokes of insight: Exploring the Intersection of Neurocognitive Science and Ecological Conversation Trough Art.

ABSTRACT

This thesis proposal seeks to investigate the symbiotic relationship between neurocognitive science and ecological conversation through the medium of painting. In an era marked by increasing environmental challenges and rapid advancements in neuroscience, there is a pressing need to explore innovative approaches that bridge the gap between scientific understanding and public awareness.

Drawing upon principles from both fields, this research aims to unravel the interconnectedness. Through a series of artistic explorations, the project will delve into the intricate patterns of neural activity and their parallels with the complex dynamics of natural ecosystems. By translating scientific concepts into visual narratives, the paintings will serve as catalysts for dialogue and reflection, fostering a deeper understanding of the reciprocal relationship between the human mind and the natural world.

Furthermore, this thesis proposal emphasizes the potential of art as a powerful tool for education and advocacy. Through exhibitions, workshops, and community engagement initiatives, the artwork will be shared with diverse audiences, sparking conversations and inspiring action towards sustainable living and ecological stewardship.

Ultimately, "Brushstrokes of Insight" aims to contribute to both the artistic discourse and the scientific understanding of neurocognitive processes and ecological conversations between these fields, this research seeks to inspire a renewed sense of interconnectedness and responsibility towards the preservation of our planet's biodiversity and well-being.

INTRODUCTION

In an era defined by escalating environmental crises and rapid advancements in neuroscience, the convergence of art, science and conservation presents a unique opportunity for exploration and innovation.

This introduction sets the stage for the research journey embarked upon in this thesis, titled "Brushstrokes of Insight: Exploring the Intersection of Neurocognitive Science and Ecological Conservation Through Art."
The intricate tapestry of the natural world has long captivated the human imagination, inspiring artists to depict its beauty and complexity through various creative mediums.

Concurrently, the human brain, with its remarkable capacity for perception and cognition, has remained a source of fascination and inquiry for scientists seeking to unravel its mysteries. Yet, the intersections between these realms-neurocognitive science and ecological conservation-have often been overlooked or underexplored.

As humanity grapples with the consequences of environmental degradation of the need for interdisciplinary boundaries. It is within this context that this thesis proposal emerges, seeking to bridge the gap between neuroscience and ecology through the transformative power of art.

At the heart of this inquiry lies a fundamental question: How can artistic expression serve as a conduit for understanding and addressing both neurological and ecological conservation, this research endeavours the shed light on the interconnectedness of human cognition and environmental consciousness.

Through a series of artistic explorations, this thesis aims to visually articulate the parallels between neural patterns and neural ecosystems, inviting viewers to contemplate the profound

interplay between the human mind and the living world. By translating scientific concepts into evocative visual narratives, the artwork produced in this study will not only engage the senses but also stimulate intellectual inquiry and emotional resonance.

Furthermore, this introduction underscores the broader significance of this research endeavour, highlighting its potential to inform public discourse, inspire environmental stewardship, and foster a deeper appreciation for the indicate web of life that sustains us all.

In sum, "Brushstrokes of Insight" represents a creative endeavour that seeks to transcend disciplinary boundaries, cultivate interdisciplinary dialogue, and ignite a renewed sense of wonder and reverence for the wonders of nature and the mysteries of the mind.

Through the marriage of art, science, and conservation, this thesis endeavours to illuminate new pathways towards a more harmonious relationship between humanity and the natural world.

OBJECTIVE

The objective of this thesis project, "Brushstrokes of Insight: Exploring the Intersection of Neurocognitive Science and Ecological Conversation Through art" is multifaceted goals.

- Artistic Exploration: To create a series of paintings that visually articulate the intersections between neurocognitive processes and ecological phenomena, employing artistic techniques to convey complex scientific concepts in an accessible and engaging manner.
- Public Inquiry: To deepen understanding of the parallels between neural patterns and natural ecosystems, drawing upon insights from neurocognitive science and ecological conservation to inform the artistic process and thematic exploration.
- Public Engagement: To share the artwork with diverse audiences through exhibitions, workshops, and community engagement initiatives, sparking dialogue and ecological issues.
- Educational Outreach: To use the artwork as a tool for education and advocacy, leveraging its capacity to inspire curiosity, empathy, and action towards sustainable living and environmental stewardship.
- Interdisciplinary Dialogue and collaboration between artists, scientist, environmentalists, and the broader community, recognizing the value of diverse perspectives in addressing complex social challenges.
- Contribution to Knowledge: To contribute new insights to the fields of art, neuroscience, and ecology, demonstrating the potential of creative inquiry to the interconnectedness of the human mind and the natural world.

By pursuing these objectives, this thesis project seeks to harness the transformative power of art to illuminate the intricate web of relationships that bind humanity to the living planet, inspiring a deeper sense of reverence, responsibility, and interconnectedness towards the preservation of Earth's biodiversity and well-being.

PRATIQUE 4 LE BREF : RÉALISATION ET PUBLICATION

BREF RÉSUMER L'ÉPREUVE

Il s'agit de l'unité finale vers un prix MFA dans lequel vous devez réaliser un ensemble important de travaux pour un public sous la forme la plus appropriée, ainsi que tout matériel de publicité et de diffusion implicite.

Cette unité s'appuie sur la pratique et le travail initiés et développés dans les unités précédentes et, en tant que telle, sera utilisée comme réalisation et publication d'une exposition/résultat final ambitieux et autonome.

Les objectifs de cette unité sont pour vous, en tant qu'individu ou membre d'une équipe collaborative, de réaliser un travail ambitieux et significatif et de générer une rampe de lancement professionnelle adaptée à sa présentation publique. Ceci est destiné à inclure la production de tout matériel de diffusion et de publicité nécessaire. Un aspect clé sera de rechercher et de participer à un examen critique par les pairs/public dans le domaine approprié, et comprendra une évaluation/position critique auto-rédigée.

Cette unité s'appuie sur la pratique et le travail initiés et développés dans les unités précédentes et, en tant que telle, sera utilisée comme réalisation et publication d'une exposition/résultat final ambitieux et autonome.

Les objectifs de cette unité sont pour vous, en tant qu'individu ou membre d'une équipe collaborative, de réaliser un travail ambitieux et significatif et de générer une rampe de lancement professionnelle adaptée à sa présentation publique. Ceci est destiné à inclure la production de tout matériel de diffusion et de publicité nécessaire. Un aspect clé sera de rechercher et de participer à un examen critique par les pairs/public dans le domaine approprié et comprendra une évaluation critique/une déclaration de position auto-rédigée.

Il vise à promouvoir des efforts professionnels pleinement réalisés dans une gamme complète de disciplines, sous les formes les plus appropriées aux pratiques individuelles. Cette unité consolidera la planification, la préparation et la négociation mises en place lors de l'unité précédente.

PROPOSITION DE THÈSE DE PhD

COMMENT LES PROGRÈS DE LA SCIENCE NEUROCOGNITIVE PEUVENT-ILS AMÉLIORER LES STRATÉGIES DE CONVERSATION ÉCOLOGIQUE ?

TITRE DU PROJET

Coups de pinceau : explorer l'intersection de la science neurocognitive et de la conversation écologique à travers l'art.

ABSTRAIT

ABSTRAIT

Cette proposition de thèse cherche à étudier la relation symbiotique entre les sciences neurocognitives et la conversation écologique à travers la peinture. À une époque marquée par des défis environnementaux croissants et des progrès rapides en neurosciences, il existe un besoin urgent d'explorer des approches innovantes qui comblent le fossé entre la compréhension scientifique et la sensibilisation du public.

S'appuyant sur les principes des deux domaines, cette recherche vise à démêler l'interdépendance. À travers une série d'explorations artistiques, le projet plongera dans les modèles complexes de l'activité neuronale et leurs parallèles avec la dynamique complexe des écosystèmes naturels. En traduisant des concepts scientifiques en récits visuels, les peintures serviront de catalyseurs de dialogue et de réflexion, favorisant une compréhension plus profonde de la relation réciproque entre l'esprit humain et le monde naturel.

De plus, cette proposition de thèse met l'accent sur le potentiel de l'art en tant qu'outil puissant d'éducation et de plaidoyer. Grâce à des expositions, des ateliers et des initiatives d'engagement communautaire, les œuvres d'art seront partagées avec des publics divers, suscitant des conversations et inspirant des actions en faveur d'un mode de vie durable et d'une gestion écologique.

En fin de compte, « Brushstrokes of Insight » vise à contribuer à la fois au discours artistique et à la compréhension scientifique des processus neurocognitifs et des conversations écologiques entre ces domaines. Cette recherche cherche à inspirer un sentiment renouvelé d'interconnectivité et de responsabilité envers la préservation de la biodiversité et du bien-être de notre planète. -être.

INTRODUCTION

À une époque caractérisée par l'escalade des crises environnementales et les progrès rapides des neurosciences, la convergence de l'art, de la science et de la conservation présente une opportunité unique d'exploration et d'innovation. Cette introduction ouvre la voie au parcours de recherche entrepris dans cette thèse, intitulé « Coups de pinceau : exploration de l'intersection des sciences neurocognitives et de la conservation écologique à travers l'art ».

La tapisserie complexe du monde naturel captive depuis longtemps l'imagination humaine, inspirant les artistes à en décrire la beauté et la complexité à travers divers médiums créatifs.

Parallèlement, le cerveau humain, avec sa remarquable capacité de perception et de cognition, reste une source de fascination et d'enquête pour les scientifiques cherchant à percer ses mystères. Pourtant, les intersections entre ces domaines – science neurocognitive et conservation écologique – ont souvent été négligées ou sous-explorées.

Alors que l'humanité est aux prises avec les conséquences de la dégradation de l'environnement, il est nécessaire de définir des frontières interdisciplinaires. C'est dans ce contexte qu'émerge cette proposition de thèse, cherchant à combler le fossé entre les neurosciences et l'écologie grâce au pouvoir transformateur de l'art.

Au cœur de cette enquête se trouve une question fondamentale :
Comment l'expression artistique peut-elle servir de canal pour comprendre et aborder la conservation neurologique et écologique, cette recherche s'efforce de mettre en lumière l'interconnexion de la cognition humaine et de la conscience environnementale.
À travers une série d'explorations artistiques, cette thèse vise à articuler visuellement les parallèles entre les modèles neuronaux et les écosystèmes neuronaux, invitant les spectateurs à contempler les profondeurs

Interaction entre l'esprit humain et le monde vivant. En traduisant des concepts scientifiques en récits visuels évocateurs, les œuvres d'art produites dans cette étude engageront non seulement les sens, mais stimuleront également l'enquête intellectuelle et la résonance émotionnelle.
En outre, cette introduction souligne l'importance plus large de ce projet de recherche, en soulignant son potentiel pour éclairer le discours public, inspirer la gestion de l'environnement et favoriser une appréciation plus profonde du réseau de la vie qui nous soutient tous.
En résumé, « Brushstrokes of Insight » représente une entreprise créative qui cherche à transcender les frontières disciplinaires, à cultiver le dialogue interdisciplinaire et à susciter un sentiment renouvelé d'émerveillement et de respect pour les merveilles de la nature et les mystères de l'esprit.
À travers le mariage de l'art, de la science et de la conservation, cette thèse tente d'éclairer de nouvelles voies vers une relation plus harmonieuse entre l'humanité et le monde naturel.

OBJECTIF

L'objectif de ce projet de thèse, « Coups de pinceau d'insight : explorer l'intersection des sciences neurocognitives et des conversations écologiques à travers l'art » est constitué d'objectifs multiformes.

- Exploration artistique : créer une série de peintures qui articulent visuellement les intersections entre les processus neurocognitifs et les phénomènes écologiques, en utilisant des techniques artistiques pour transmettre des concepts scientifiques complexes d'une manière accessible et engageante.
- Enquête publique : approfondir la compréhension des parallèles entre les modèles neuronaux et les écosystèmes naturels, en s'appuyant sur les connaissances des sciences neurocognitives et de la conservation écologique pour éclairer le processus artistique et l'exploration thématique.
- Engagement du public : partager les œuvres d'art avec des publics divers à travers des expositions, des ateliers et des initiatives d'engagement communautaire, suscitant le dialogue et les questions écologiques.
- Sensibilisation éducative : utiliser l'œuvre d'art comme outil d'éducation et de plaidoyer, en tirant parti de sa capacité à inspirer la curiosité, l'empathie et l'action en faveur d'un mode de vie durable et d'une gestion responsable de l'environnement.
- Dialogue interdisciplinaire et collaboration entre les artistes, les scientifiques, les environnementalistes et la communauté au sens large, reconnaissant la valeur de diverses perspectives pour relever des défis sociaux complexes.
- Contribution à la connaissance : apporter de nouvelles connaissances dans les domaines de l'art, des neurosciences et de l'écologie, en démontrant le potentiel de la recherche créative sur l'interconnectivité de l'esprit humain et du monde naturel.

En poursuivant ces objectifs, ce projet de thèse cherche à exploiter le pouvoir transformateur de l'art pour éclairer le réseau complexe de relations qui lient l'humanité à la planète vivante, inspirant un sentiment plus profond de respect, de responsabilité et d'interconnectivité envers la préservation de la biodiversité et du bien-être de la Terre. -être.

PROJECT PROPOSAL PRATICE 4

PROPOSAL FOR ART GALLERY AND MAGAZINE

ABSTRACT
Explore a unique combination of art and words in our project merging an art gallery and magazine. Discover diverse artwork paired with engaging articles, redefining how we experience creativity and storytelling. Join us on a journey where every page offers inspiration and insight, inviting you to see the world through a new lens.

Art Magazine for Fine Art and Visual Art Artists and Designers

Introduction:

We propose the creation of a dynamic and innovative art magazine catering to the vibrant world of fine art, visual art, and design. With a focus on bridging cultures and languages, the magazine will be published in both French and English, ensuring a broad international readership. Operating out of the artistic hubs of London, Paris, and New York, our magazine will showcase the diverse talents of artists and designers from around the globe.

Objectives:

1. Promotion of Artists and Designers: Provide a platform for emerging and established artists and designers to showcase their work to a global audience.
2. Cultural Exchange: Foster cross-cultural dialogue and understanding by featuring artists from different backgrounds and perspectives.

3. Education and Inspiration: Offer insightful articles, interviews, and features to educate and inspire both artists and art enthusiasts.
4. Quality Publishing: Deliver high-quality content in both print and paperback formats, featuring visually stunning layouts and engaging narratives.

5. Self-Publishing Opportunities: Empower artists and designers to share their stories and artworks through self-publishing options, ensuring creative autonomy and expression.

Key Features:

The Wealth Art Magazine

Featuring: Multi-language (French-English)

Publishing schedule: Biannual (Twice a year)
- Artist Profiles: In-depth interviews and profiles of artists and designers, exploring their creative processes, inspirations, and artistic journeys.

- Exhibition Reviews: Coverage of major art exhibitions and events in London, Paris, New York, and beyond, offering insights into the latest trends and movements in the art world.

- Art Critiques: Thoughtful critiques and analyses of noteworthy artworks and design projects, providing valuable feedback and commentary.

- **Thematic Issues:** Each edition will focus on a specific theme or topic, offering a cohesive narrative and showcasing diverse interpretations and perspectives.
- **Reader Engagement:** Interactive features such as reader polls, contests, and reader-submitted artwork sections to encourage active participation and community engagement.

Distribution Strategy:

- **Global Presence:** stablish distribution channels in London, Paris, and New York to reach key art markets and communities.
- **Partnerships:** Forge partnerships with art galleries, museums, universities, and cultural institutions to expand distribution networks and reach targeted audiences.
- **Online Platform:** Complement print editions with an online platform featuring digital versions of the magazine, exclusive web content, and e-commerce options for purchasing artworks and merchandise.
- **Subscription Model:** Offer subscription packages for both print and digital editions, providing readers with convenient access to regular issues and special editions.
- **Event Sponsorship:** Sponsor and participate in art events, fairs, and festivals to increase brand visibility and attract new readers and subscribers.

In a world where art transcends boundaries and languages, our proposed art magazine aims to serve as a beacon of creativity and inspiration. By celebrating the rich tapestry of fine art, visual art, and design, we seek to foster a global community of artists, designers, and art enthusiasts united by their passion for creativity and expression. With a commitment to quality publishing and a dedication to promoting artistic excellence, we are confident that our magazine will become a cherished platform for artists and readers alike.

Thank you for considering our proposal. We look forward to the opportunity to bring this project to life and contribute to the vibrant landscape of the art world.

Business Plan: Art Magazine

Executive Summary:
Our art magazine aims to create a global platform for artists, designers, and art enthusiasts, offering high-quality content in both print and digital formats. With a focus on promoting artistic talent, fostering cultural exchange, and providing self-publishing opportunities, we anticipate steady growth and profitability in the evolving art market.

Business Description:
- **Mission:** To celebrate creativity, inspire artistic expression, and connect diverse communities through the power of visual arts and design.
- **Vision:** To become a leading voice in the art world, recognized for our commitment to quality publishing, cultural diversity, and artistic innovation.
- **Products and Services:** Biannual print and digital magazine editions featuring artist profiles, exhibition reviews, thematic issues, and self-publishing opportunities.

Market Analysis:
- **Target Audience:** Artists, designers, art collectors, galleries, museums, universities, and art enthusiasts globally.
- **Market Trends:** Growing demand for niche art publications, increasing digitalization of print media, and rising interest in self-publishing platforms.
- **Competitive Landscape:** Competition from established art magazines, online art platforms, and self-publishing platforms. Differentiation through bilingual content, thematic issues, and self-publishing options.

Marketing and Sales Strategy:
- **Branding:** Develop a strong brand identity emphasizing creativity, diversity, and innovation.
- **Promotion:** Utilize social media, email marketing, partnerships with art institutions, and participation in art events to promote the magazine.
- **Distribution:** Establish distribution channels in London, Paris, New York, and online platforms to reach global audiences.
- **Sales Channels:** Offer subscription packages, single-issue sales, and advertising opportunities to generate revenue.

- Pricing Strategy: Competitive pricing for subscription packages and advertising rates, with discounts for early adopters and bulk purchases.

Operational Plan:

- Editorial Team: Recruit experienced editors, writers, and designers with a passion for art and publishing.
- Production Process: Coordinate content creation, editing, layout design, printing, and distribution timelines to ensure timely delivery of each edition.
- Technology: Invest in digital publishing tools, website development, and e-commerce platforms to enhance reader engagement and online presence.

Financial Plan:

- Revenue Streams: Subscription sales, single-issue sales, advertising revenue, self-publishing fees, and merchandise sales.
- Cost Structure: Editorial, production, distribution, marketing, and administrative expenses.
- Profit Projections: Forecasted revenue growth based on subscription projections, advertising rates, and self-publishing fees.
- Funding: Initial investment from founders, potential crowdfunding campaigns, and strategic partnerships to secure additional funding if needed.

Risk Management:

- Market Risks: Fluctuations in art market demand, competition from established players, and changing consumer preferences.
- Operational Risks: Production delays, distribution challenges, and technological disruptions.
- Mitigation Strategies: Diversification of revenue streams, agile production processes, and proactive marketing and sales efforts.

Growth Plan:

- Expansion: Explore opportunities to launch additional language editions, expand distribution networks, and collaborate with international art institutions.
- Innovation: Continuously adapt to emerging trends in the art world, leverage digital technologies, and experiment with new content formats to stay relevant and competitive.

Marketing Plan: Art Magazine

Brand Identity:
- Logo Design: Create a visually appealing logo that reflects the magazine's values of creativity and diversity.
- Brand Messaging: Develop compelling taglines and brand messages emphasizing the magazine's mission and unique selling points.

Target Audience:

- Segmentation: Identify key segments such as artists, designers, art collectors, galleries, and art enthusiasts.
- Persona Development: Create detailed buyer personas based on demographics, interests, and behaviour patterns to tailor marketing efforts.

Content Marketing

- Blog: Launch a blog featuring behind-the-scenes content, artist interviews, and industry insights to attract and engage readers.
- Social media: Maintain active profiles on platforms like Instagram, Facebook, and Twitter to share magazine updates, artist features, and user-generated content.

- Email Newsletter: Send out regular newsletters to subscribers with exclusive content, special offers, and event invitations to nurture customer relationships.

Public Relations:

- Press Releases: Distribute press releases to art publications, bloggers, and journalists to announce magazine launches, special editions, and notable achievements.
- Media Partnerships: Collaborate with art institutions, galleries, and cultural organizations to cross-promote events, exhibitions, and publications.

Advertising:

- Print Ads: Place advertisements in art-related publications, newspapers, and magazines to reach a wider audience of art enthusiasts and collectors.
- Online Ads: Invest in targeted digital advertising on platforms like Google Ads and social media to drive website traffic and increase subscription sales.

Events and Partnerships:

- Art Events: Sponsor and participate in art fairs, festivals, and exhibitions to showcase the magazine, engage with the art community, and attract new readers.
- Collaborations: Partner with artists, designers, and influencers to co-create content, host workshops, and launch exclusive collaborations to expand brand reach and credibility.

Analytics and Optimization:

- Tracking: Utilize analytics tools to monitor website traffic, social media engagement, email open rates, and conversion rates to measure the effectiveness of marketing efforts.
- Optimization: Continuously optimize marketing campaigns based on performance data, audience feedback, and market trends to maximize ROI and achieve marketing objectives.

Customer Engagement:

- Community Building: Foster a sense of community among readers and contributors through online forums, social media groups, and offline events to encourage interaction and collaboration.

- Feedback Mechanisms: Solicit feedback from readers through surveys, polls, and reviews to understand their preferences and improve the magazine's content and user experience.

Conclusion

By implementing a comprehensive marketing plan that encompasses branding, content marketing, public relations, advertising, events, and customer engagement strategies, we aim to build awareness, attract subscribers, and cultivate a loyal audience for our art magazine.

PRATIQUE DE PROPOSITION DE PROJET 4

PROPOSITION DE GALERIE D'ART ET MAGAZINE

ABSTRAIT

Explorez une combinaison unique d'art et de mots dans notre projet fusionnant une galerie d'art et un magazine. Découvrez des œuvres d'art diverses associées à des articles engageants, redéfinissant la façon dont nous vivons la créativité et la narration. Rejoignez-nous dans un voyage où chaque page offre inspiration et aperçu, vous invitant à voir le monde sous un nouvel angle.

Magazine d'art pour les artistes et designers des beaux-arts et des arts visuels

Introduction:

Nous proposons la création d'un magazine d'art dynamique et innovant destiné au monde dynamique des beaux-arts, des arts visuels et du design. En mettant l'accent sur le rapprochement des cultures et des langues, le magazine sera publié en français et en anglais, garantissant ainsi un large lectorat international. Opérant depuis les pôles artistiques de Londres, Paris et New York, notre magazine présentera les divers talents d'artistes et de designers du monde entier.

Objectifs :

1. Promotion des artistes et designers : fournir une plateforme permettant aux artistes et designers émergents et établis de présenter leur travail à un public mondial.

2. Échange culturel : Favoriser le dialogue et la compréhension interculturels en présentant des artistes d'horizons et de perspectives différents.
3. Éducation et inspiration : proposez des articles, des interviews et des reportages perspicaces pour éduquer et inspirer les artistes et les passionnés d'art.
4. Publication de qualité : fournissez un contenu de haute qualité aux formats imprimé et papier, avec des mises en page visuellement époustouflantes et des récits engageants.
5. Opportunités d'auto-édition : permettez aux artistes et aux designers de partager leurs histoires et leurs œuvres grâce à des options d'auto-édition, garantissant ainsi l'autonomie et l'expression créatives.
Principales caractéristiques

LE WEALTH ART MAGAZINE

Fonctionnalités : Multilingue (Français-Anglais)

Calendrier de publication : Biannuel (deux fois par an)
• Profils d'artistes : entretiens approfondis et profils d'artistes et de designers, explorant leurs processus créatifs, leurs inspirations et leurs parcours artistiques.
• Revues d'expositions : couverture des expositions et événements artistiques majeurs à Londres, Paris, New York et au-delà, offrant un aperçu des dernières tendances et mouvements du monde de l'art.
• Critiques d'art : critiques et analyses réfléchies d'œuvres d'art et de projets de conception remarquables, fournissant des commentaires et des commentaires précieux.
• Questions thématiques : chaque édition se concentrera sur un thème ou un sujet spécifique, offrant un récit cohérent et présentant diverses interprétations et perspectives.
• Engagement des lecteurs : fonctionnalités interactives telles que des sondages auprès des lecteurs, des concours et des sections d'œuvres d'art soumises par les lecteurs pour encourager la participation active et l'engagement de la communauté.

Stratégie de distribution :

• Présence mondiale : établir des canaux de distribution à Londres, Paris et New York pour atteindre les marchés et communautés de l'art clés.

Plan d'affaires : Résumé du magazine Art :

Notre magazine d'art vise à créer une plate-forme mondiale pour les artistes, les designers et les passionnés d'art, offrant un contenu de haute qualité aux formats imprimés et numériques. En mettant l'accent sur la promotion des talents artistiques, la promotion des échanges culturels et l'offre d'opportunités d'auto-édition, nous prévoyons une croissance et une rentabilité constantes sur le marché de l'art en évolution.

Description de l'entreprise :

- Mission : Célébrer la créativité, inspirer l'expression artistique et connecter diverses communautés grâce au pouvoir des arts visuels et du design.
- Vision : Devenir une voix de premier plan dans le monde de l'art, reconnue pour notre engagement en faveur d'une édition de qualité, de la diversité culturelle et de l'innovation artistique.
- Produits et services : éditions semestrielles de magazines imprimés et numériques présentant des profils d'artistes, des critiques d'expositions, des numéros thématiques et des opportunités d'auto-édition.

Analyse de marché :

- Public cible : artistes, designers, collectionneurs d'art, galeries, musées, universités et amateurs d'art du monde entier.
- Tendances du marché : demande croissante de publications artistiques de niche, numérisation croissante des médias imprimés et intérêt croissant pour les plateformes d'auto-édition.

- Paysage concurrentiel : concurrence des magazines d'art établis, des plateformes d'art en ligne et des plateformes d'auto-édition. Différenciation grâce à des contenus bilingues, des numéros thématiques et des options d'auto-édition.

Stratégie marketing et commerciale :

- Image de marque : Développer une identité de marque forte mettant l'accent sur la créativité, la diversité et l'innovation.
- Promotion :
 utiliser les médias sociaux, le marketing par courrier électronique, les partenariats avec des institutions artistiques et la participation à des événements artistiques pour promouvoir le magazine.
- Distribution : établir des canaux de distribution à Londres, Paris, New York et des plateformes en ligne pour atteindre le monde entier publics.
- Canaux de vente : proposez des forfaits d'abonnement, des ventes de numéros uniques et des opportunités publicitaires pour générer des revenus.
- Stratégie tarifaire : tarification compétitive pour les forfaits d'abonnement et les tarifs publicitaires, avec des réductions pour les premiers utilisateurs et les achats groupés.

Plan opérationnel :

- Équipe éditoriale : recrutez des éditeurs, des écrivains et des designers expérimentés passionnés par l'art et l'édition.

Processus de production : Coordonner les délais de création, d'édition, de mise en page, d'impression et de distribution du contenu pour garantir la livraison en temps opportun de chaque édition.
- Technologie : investir dans les outils de publication numérique, le développement de sites Web et les plateformes de commerce électronique pour améliorer l'engagement des lecteurs et la présence en ligne.

Plan financier :

- Flux de revenus : ventes d'abonnements, ventes de numéros uniques, revenus publicitaires, frais d'auto-édition et ventes de marchandises.
- Structure des coûts : Frais de rédaction, de production, de distribution, de marketing et d'administration.
- Projections des bénéfices : croissance des revenus prévue en fonction des projections d'abonnement, des tarifs publicitaires et des frais d'auto-édition.
- Financement : investissement initial des fondateurs, campagnes de financement participatif potentielles et partenariats stratégiques pour obtenir un financement supplémentaire si nécessaire.

Gestion des risques :

- Risques de marché : Fluctuations de la demande sur le marché de l'art, concurrence des acteurs établis et évolution des préférences des consommateurs.
- Risques opérationnels : retards de production, défis de distribution et perturbations technologiques.
- Stratégies d'atténuation : diversification des sources de revenus, processus de production agiles et efforts de marketing et de vente proactifs.

Plan de croissance :

- Expansion : explorez les opportunités de lancer des éditions linguistiques supplémentaires, d'étendre les réseaux de distribution et de collaborer avec des institutions artistiques internationales.
- Innovation : s'adapter continuellement aux tendances émergentes du monde de l'art, tirer parti des technologies numériques et expérimenter de nouveaux formats de contenu pour rester pertinent et compétitif.

Plan marketing : magazine d'art

Identité de marque :
- Création de logo : Créez un logo visuellement attrayant qui reflète les valeurs de créativité et de diversité du magazine.
- Messages de marque : Développer des slogans et des messages de marque convaincants mettant l'accent sur la mission du magazine et ses arguments de vente uniques.

Public cible :
- Segmentation : identifiez les segments clés tels que les artistes, les designers, les collectionneurs d'art, les galeries et les passionnés d'art.

- Développement de personnalités : créez des personnalités d'acheteur détaillées basées sur des données démographiques, des intérêts et des modèles de comportement pour adapter les efforts de marketing.

Marketing de contenu

- Blog : lancez un blog présentant du contenu en coulisses, des interviews d'artistes et des informations sur l'industrie pour attirer et engager les lecteurs.
- Médias sociaux : maintenez des profils actifs sur des plateformes comme Instagram, Facebook et Twitter pour partager des mises à jour de magazines, des fonctionnalités d'artistes et du contenu généré par les utilisateurs.
- Newsletter par e-mail : envoyez régulièrement des newsletters aux abonnés avec du contenu exclusif, des offres spéciales et des invitations à des événements pour entretenir les relations clients.

Relations publiques :

- Communiqués de presse : distribuez des communiqués de presse aux publications artistiques, aux blogueurs et aux journalistes pour annoncer les lancements de magazines, les éditions spéciales et les réalisations notables.
- Partenariats médiatiques : collaborer avec des institutions artistiques, des galeries et des organisations culturelles pour promouvoir de manière croisée des événements, des expositions et des publications.

Publicité:

- Annonces imprimées : placez des publicités dans des publications, des journaux et des magazines liés à l'art pour atteindre un public plus large d'amateurs et de collectionneurs d'art.

-

- Annonces en ligne : investissez dans la publicité numérique ciblée sur des plateformes telles que Google Ads et les réseaux sociaux pour générer du trafic sur le site Web et augmenter les ventes d'abonnements.

Événements et partenariats :

Événements artistiques : parrainez et participez à des foires d'art, des festivals et des expositions pour présenter le magazine, interagir avec la communauté artistique et attirer de nouveaux lecteurs. - Collaborations : collaborez avec des artistes, des designers et des influenceurs pour co-créer du contenu, organiser des ateliers et lancer des collaborations exclusives pour élargir la portée et la crédibilité de la marque.

Analyse et optimisation :

- Suivi : utilisez des outils d'analyse pour surveiller le trafic du site Web, l'engagement sur les réseaux sociaux, les taux d'ouverture des e-mails et les taux de conversion afin de mesurer l'efficacité des efforts de marketing.
- Optimisation : optimisez en permanence les campagnes marketing en fonction des données de performances, des commentaires du public et des tendances du marché pour maximiser le retour sur investissement et atteindre les objectifs marketing.

Engagement client :

- **Création de communauté :**

favorisez un sentiment de communauté parmi les lecteurs et les contributeurs via des forums en ligne, des groupes de médias sociaux et des événements hors ligne pour encourager l'interaction et la collaboration.
- Mécanismes de commentaires : sollicitez les commentaires des lecteurs via des enquêtes, des sondages et des critiques pour comprendre leurs préférences et améliorer le contenu du magazine et l'expérience utilisateur.

Conclusion

En mettant en œuvre un plan marketing complet qui englobe l'image de marque, le marketing de contenu, les relations publiques, la publicité, les événements et les stratégies d'engagement client, nous visons à accroître la notoriété, à attirer des abonnés et à fidéliser un public pour notre magazine d'art.

PROJECT PROPOSAL ACAF FOUNDATION
ART & CRAFT ACADEMY FOR SKILL

GOVERNING DOCUMENT CIO

STRUCTURE: FOUNDATION CORPORATE BODY

ACAFS FOUNDATION
A (Art)
C (Craft)
A (Academy)
F (For)
S (Skill)

PURPOSE: Adult Education

PRINCIPAL OFFICE

184 Stamford Street Central OL6 7LR Ashton-Under-Lyne Greater Manchester England

PRINCIPAL OFFICE FRANCE
6 Rue Des Herbarges De Sèze
94450 Limeil-Brevannes France

THE PURPOSE OF WHICH THE CIO IS BEING ESTABLISHED

Art and Crafts Academy for Skill Foundation is an individual and community need and public benefit.
Fine Art, Visual Art, Climate Change.

OVERVIEW

Adult education is for individual, and community need and public benefit.
Open to everyone, adult and young adult who have a desire to learn new skills and acquire knowledge throughout the Art and Crafts, Sustainability on Climate Change Environmental, in their adult life. Ensure to help them progress with their current career, create their own business after the training, assisted them when they want to change careers, or allow them to learn things for personal satisfaction.
Tend to involve people age of 16 and over who have left compulsory or higher education and are returning to education in order to learn new things and found a job.
People who are jobseeker, on jobseeker's allowance and struggling to find a job.
Mature students and people working towards professional qualification as part of their job, such as trainee in the Fashion and Textiles Industry and Art and Craft.
People who are preparing to go onto a higher education and need to build up their study in Art and Design such as sketchbook building, Professional Portfolio, Digital Portfolio preparation. Private company in the community that offer niche in Fashion business training course to help people go back to work. Also, small business-like hairdresser who want to take their business in the next level by study a string Art course to learn how to sew and make their own wigs made in UK in the sustainable way.

PROPOSITION DE PROJET FONDATION ACAF
ACADÉMIE D'ART ET D'ARTISANAT POUR LES COMPÉTENCES

DOCUMENT DE RÉFÉRENCE CIO

STRUCTURE : CORPS SOCIAL DE LA FONDATION

FONDATION ACAFS
Un (Art)
C (Artisanat)
A (Académie)
F (Pour)
S (Compétence)

OBJECTIF : Éducation des adultes

BUREAU PRINCIPAL

184 Stamford Street Central OL6 7LR Ashton-Under-Lyne Grand Manchester Angleterre

BUREAU PRINCIPAL EN RANCE
6 Rue Des Herbarges de SÈZE
94450 Limeil-Brevannes France

L'OBJECTIF DU CIO EST CRÉER

La Art and Craft Académie for Skill Fondation répond à un besoin individuel et communautaire et à un bénéfice public.
Beaux-Arts, Arts Visuels, Changement Climatique.

APERÇU

L'éducation des adultes répond aux besoins individuels et communautaires et au bénéfice du public.
Ouvert à tous, adultes et jeunes adultes désireux d'acquérir de nouvelles compétences et d'acquérir des connaissances tout au long de l'art et de l'artisanat, de la durabilité sur le changement climatique environnemental, dans leur vie d'adulte. Veiller à les aider à progresser dans leur carrière actuelle, à créer leur propre entreprise après la formation, à les accompagner lorsqu'ils souhaitent changer de carrière ou à leur permettre d'apprendre des choses pour leur satisfaction personnelle.
Il s'agit généralement de personnes âgées de 16 ans et plus qui ont quitté l'enseignement obligatoire ou supérieur et qui reprennent leurs études afin d'apprendre de nouvelles choses et de trouver un emploi.
Les personnes qui sont à la recherche d'un emploi, qui bénéficient d'une allocation de chômage et qui peinent à trouver un emploi.

Les étudiants adultes et les personnes en quête de qualification professionnelle dans le cadre de leur travail, comme les stagiaires dans l'industrie de la mode et du textile et de l'art et de l'artisanat.

Les personnes qui se préparent à poursuivre des études supérieures et ont besoin de développer leurs études en art et en design, comme la création d'un carnet de croquis, d'un portfolio professionnel, d'une préparation de portfolio numérique. Entreprise privée de la communauté qui propose des cours de formation en commerce de mode pour aider les gens à retourner au travail. En outre, les coiffeurs de type petite entreprise qui souhaitent faire passer leur entreprise au niveau supérieur en suivant un cours de string art pour apprendre à coudre et à fabriquer leurs propres perruques fabriquées au Royaume-Uni de manière durable.

THE EXHIBITION

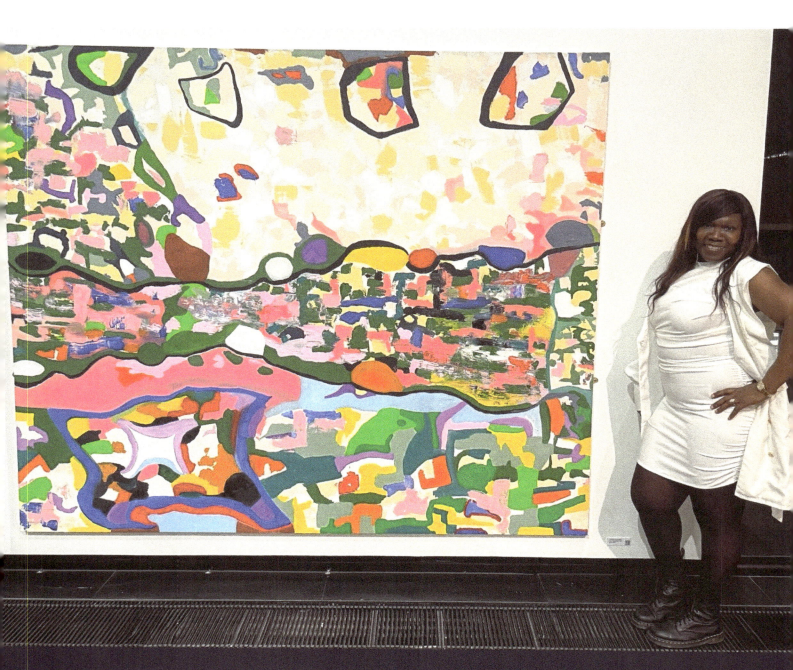

CHRISTELE MOMINI WEALTH

PARALAX ART FAIR LONDON

2024 Art & Science Art Fair
London Parallax Art Fair
Kensington and Chelsea Town Hall
Theme: Neuro Art
From 16,17, 18 February 2024

2024 CLIMATE CHANGE
London Parallax Art-Fair
Kensington & Chelsea Town Hall
Theme: Environmental Painting
From 6,7,8 Jully 2024

2025 MEMORY
London Parallax Art- Fair
Chelsea Town Hall London
Theme: Memory
From: 20, 21, 23, Feb 2025

THE HOLY ART FAIR AND GALLERY LONDON

2023 London Exhibition Science Art Fair
The Holy Art Gallery London
21-31 Shacklewell Ln London
Theme: Impressions
From 08 Sep – 17 September 2023

2023 Art and
The Holy Art Fair
Brickle Lane London
Theme: Neurodivergence
From 19, 20,22 Oct 2023

MANCHESTER ART FAIR AND EXHIBITION

2023-2024 Postgraduate Exhibition
MA Painting (class of 2023)
Manchester School of Art MMU
All Saint _ 70 Oxford Street Manchester M1 5NH

2023 Manchester Black Artist Exhibition
Theme The black history Month!
Princess street Deansgate Manchester
30 September 2023

2023 Manchester Museum Exhibition
Theme: Collaboration with Art and Science (Neurodivergent)
27 October 2023

2023 Exhibition Manchester Day 2023 Celebration
Market Street, Manchester July 2023
Art & Craft exhibition

2023 Exhibition Manchester Pride Festival
Manchester Pride Market 2023
Charlton Street, Manchester Gay Village
August 2023

2025 Solo Exhibition: The Intersection of Art and Science, especially in the field of Neuroscience.
Title: A Journey into the Neuroscience Through Art
Inch Arts 20 Stamford New Road, Cheshire, Altrincham WA14 1EJ February 2025

2025 Solo Exhibition: Ecology Exploration Trough Painting
Title: Palette of Earth
Saan1 5 Kelvin St Manchester 2025

2025 Solo Exhibition: The Manchester Homeless Artist Festival Through Painting.
Title: Perspectives Unseen: A Homeless Artist's Journey Through Painting

2014-2015 Parallax Art Fair Exhibition
Manchester
The Britania Sashas Hotel Manchester
Art and Fashion Exhibition

2016 – 2018 Art Exhibition at NEC Birmingham
International Art & Fashion exhibition

2015-2016 Craft and Flea exhibition
Manchester Depot Mayfield
Art and Gift Exhibition

SOLO EXHIBITION
Theme: RESONANCE
DEZ-REZ PROJECT AND SPACE
285 Deansgate Manchester UK

SOLO EXIBITION 2025
SEESAW Event and Space
86 Princess Street Manchester UK

GROUP EXHIBITION
Theme: Exhibition and Sale
Collaboration with international contemporary Artists
Jully 2024 from 02 to 31
MURAMA Gallery Project and Space Marple UK

GROUP EXHIBITION
Collaboration with Final project MFA Peer
Artists: Christelle MOMINI, Yvonne NOWORTA, Nicola BREACH
Date: 9, 10, 11 December 2024
Saan1 5 Kelvin St Manchester UK

ARTIST RESIDENCY

2023 Artist Residency Joya Spain
Air-Ecology-Environmental
Self-direction Project February 2023
Air-Ecology-Environment

2024 GALLERY SPACE AND RESIDENCE
Galleries Thuillier Paris France
13 rue de Thorigny
75003 Paris France

2023 LA JOYA SPAIN
Art Air Ecology
Artist and Writer Residency

GALLERY REPRESENTATION IN UNITED KINGDOM

Holy Art Gallery London
Murama Art Gallery and space Marple
Parallax Art Gallery London
Saatchi Gallery London
Easel Manchester Art Fair Space Manchester
Curator Space London
Manchester Museum Shop Manchester
Inch Art Gallery Manchester
Wealth Art Gallery Manchester

INTERNATIONAL REPRESENTATION CONTEMPORARY ART AGENCY AND GALLERY

Gallery Exhibition and Space
DENMARK: Copenhagen Contemporary Gallery

Art Agency Representation
ARTIFACT PROJECT: USA
New-York, Monaco

Art Agency Representation
PITTURIAMO ART AGENCY A.P.S
Sicilia ITALY

Gallery
MONAT Gallery Representation
Madrid Spain
REPRESENTATION:
Paris Art Fair May 2025

Artexpo Contemporary Art Gallery
New-York USA
April 2025

PARK Gallery and MaMag Museum
International Contemporary Art Fair
France: Carrousel du Louvre Paris October 2025
International Contemporary Art Museum
Austria: June 2024
International Contemporary Art
Canne Biennale 2025
International Contemporary Art Biennale Basel
June 2025
MOCAMAG Contemporary Art Museum

PARK Gallery
By the Castle Heidenreichstein
Austria

PARK Gallery
LinzerstraBe
Vienna Austria

PARK Gallery
Putzbrunner StraBe
Munich Germany

THE OTHER ART FAIR
America; Los Angeles, Chicago, Dallas, Brooklyn
Autralia: Sydney

ART AGENCY COMMUNICATION ASSOCIATION
VAA Association London
Artist Union London
ARQUEST London
Professional Artist Association London
Curator Space London
ACS Artist Collecting Society UK
FRANCE
La MAISON DES ARTISTES Paris

PUBLISHERS AND PRESS HOUSE
Blurd Publishers USA and UK
Magazine Publish – WEALTH ART MAGAZINE (International Magazine in Dual-Language)
BlueRose Publishers UK (DON'T LOOK BACK BOOK (Dual-Language Art Book)

PARALAX ART FAIR LONDON

NEUROSCIENCE

PARALAX ART FAIR LONDON

CLIMATE CHANGE

ECOLOGY PAINTING

THE HOLY ART FAIR AND GALLERY LONDON

London Exhibition

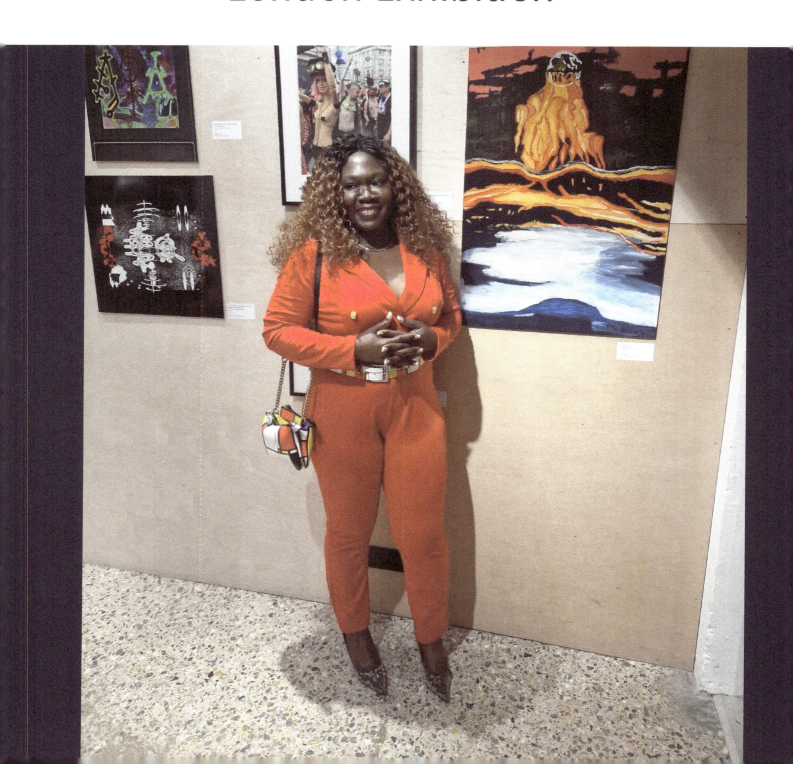

IMPRESSION EXHIBITION

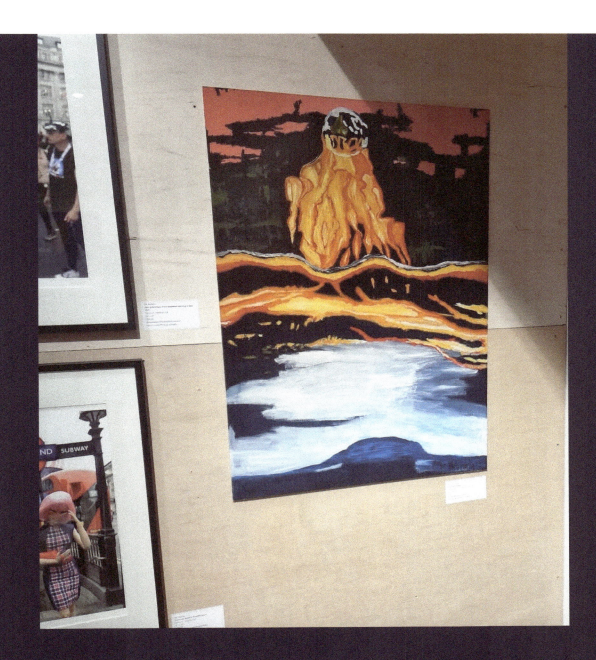

CLIMATE CHANGE

The Holy Art Fair Art and Science Art Fair

NEURODIVERGENCE

NEURODIVERGENCE
Art and Science Art Fair

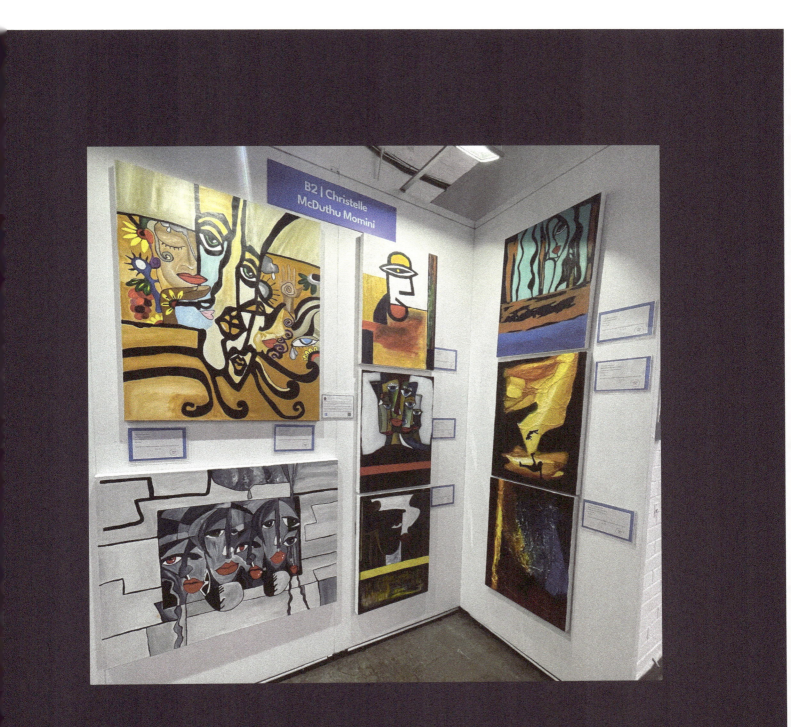

MANCHESTER ART FAIR AND EXHIBITION

MEMORY GROUP ARTIST

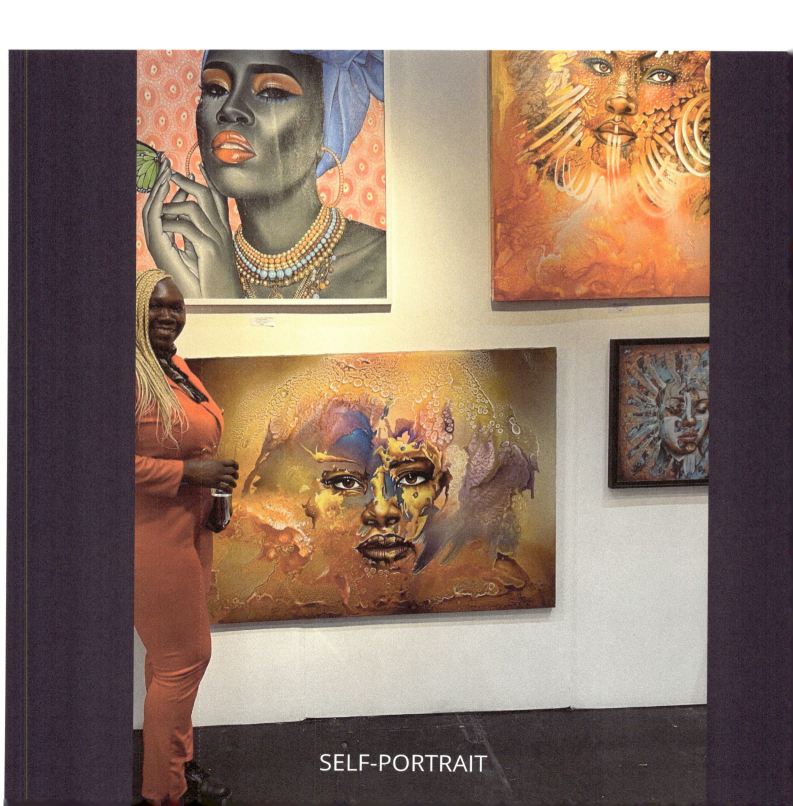

SELF-PORTRAIT

2023-2024 Postgraduate Exhibition

MA Painting (class of 2023)

Manchester School of Art MMU

ENTROPY
THE DESAPEARING TWON

Manchester School of Art MMU

2023-2024 Postgraduate Exhibition

ABSTRACT
THE DESAPEARING TWON

2023-2024 Postgraduate Exhibition

MA Painting (class of 2023)
Manchester School of Art MMU

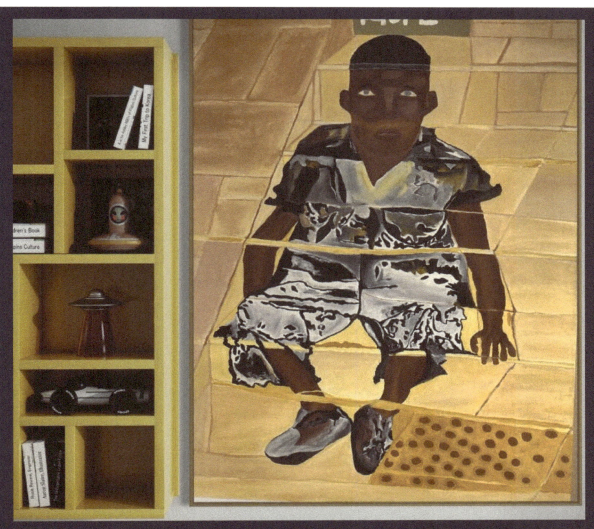

ENTROPY
DON'T IGNORING HIM

ENTROPY IN AFRICA BY THE TIME OF CLIMATE CHANGE

DON'T IGNORING HIM

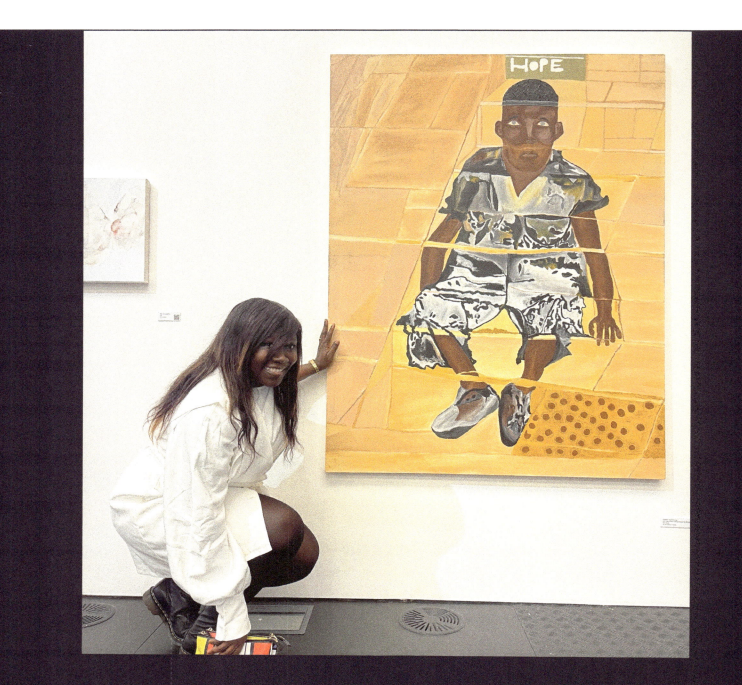

EXPRESSION FIGURATIVE

Gallery Exhibition and Space
DENMARK: Copenhagen Contemporary Gallery

RESILIENCE

_____

RESILIENCE

SOLO EXHIBITION
Theme: RESONANCE
DEZ-REZ PROJECT AND SPACE
285 Deansgate Manchester UK

SOLO EXHIBITION
Theme: RESONANCE
DEZ-REZ PROJECT AND SPACE
285 Deansgate Manchester UK

ABSTRACT-EXPRESSIONISM

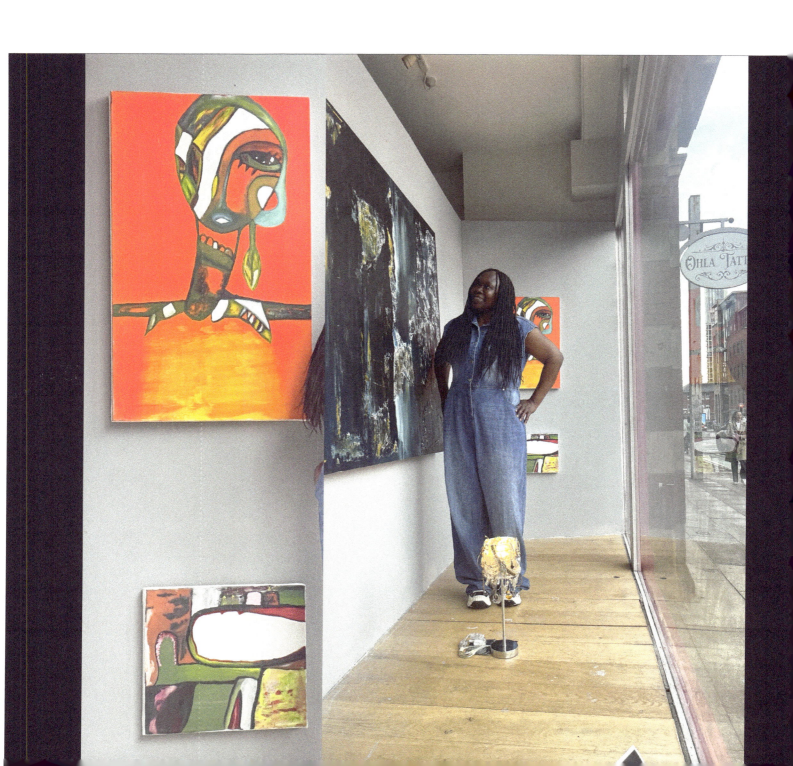

GROUP EXHIBITION
Theme: Exhibition and Sale
Collaboration with international contemporary Artists
Jully 2024 from 02 to 31
MURAMA Gallery Project and Space Marple UK

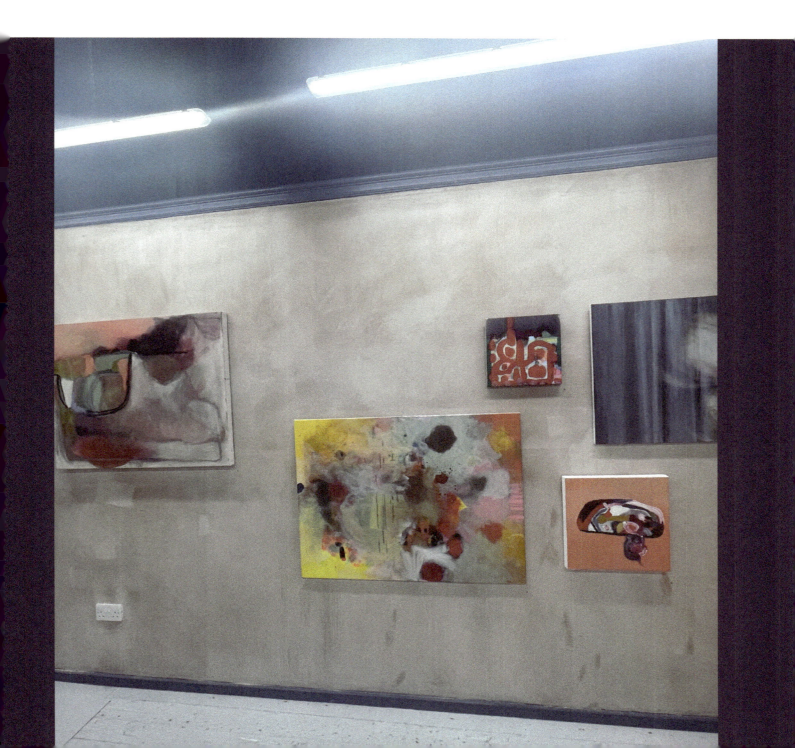

2023 Manchester Black Artist Exhibition Theme The black history Month!

SELF-PORTRAIT

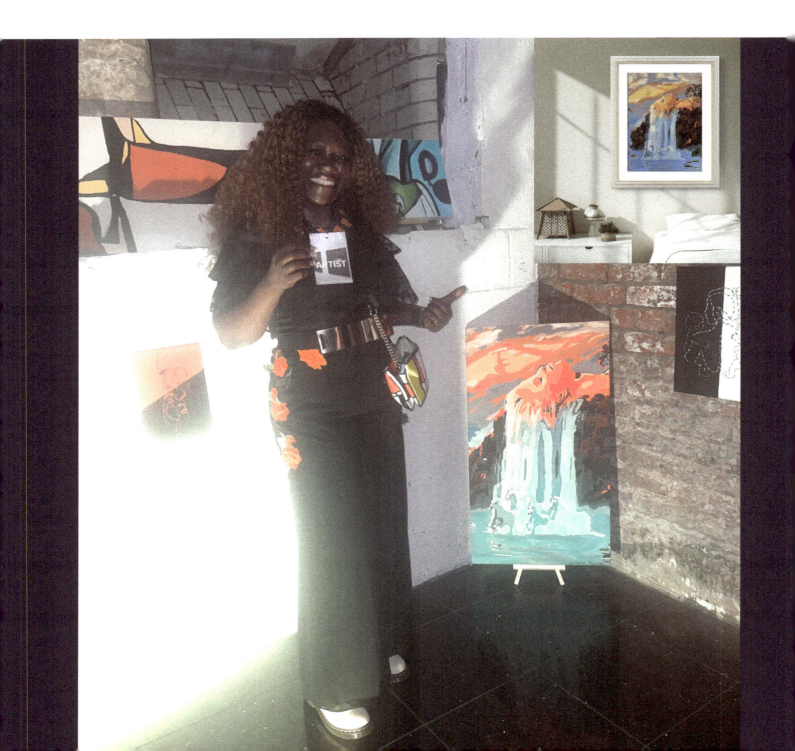

2023 Manchester Museum Exhibition
Theme: Collaboration with Art and Science (Neurodivergent)
27 October 2023

2024 Manchester Museum Exhibition
Theme: Collaboration with Art Brand License

Craft and Flea exhibition
Manchester Depot Mayfield
Art and Gift Exhibition

PUBLISHERS AND PRESS HOUSE
Blurd Publishers USA and UK
Magazine Publish – WEALTH ART MAGAZINE
(International Magazine in Dual-Language)
BlueRose Publishers UK (DON'T LOOK BACK BOOK (Dual-Language Art Book)

Magazine Publish – WEALTH ART MAGAZINE
(International Magazine in Dual-Language)
Magazine exposure at New Brighton Hotel Uk

ARTIST BIOGRAPHY

Christelle is an Abstract Expressionist artist Base in Manchester United Kingdom.

She is a devoted Painter who seek a collaboration with art-science and ecology across her work.

In her paintings, she seeks to connect with man's earliest forms of self-expression and create a strong sense of emotional impact or energy.

Christelle work to bring cohesion to the visual language, which is harmonious yet disruptive, and she believes that contemporary art should pose questions rather than provide answers. Her work explores new forms, shape and optical paths while infusing a classical feel, balancing the tension between tradition and innovation, Landscape, Abstract Figurative and seascape.

Christelle completed a master's degree in fine art Painting in 2023.

Study Master's in Painting (MFA Painting) offer her several benefits such as honing her artistic skills, deepening my understanding of art history and theory, networking with fellow artists and professionals, and gaining access to resources like wood workshop, studio and equipment. The course also provides her to have an opportunity to apply for the different artist open call and exhibit her work around the world. Receive mentorship from experienced artists during the seminar, a personalized tutorial from teacher course leader and a potentially lead to a career in the art world whether as a practicing artis, educator, she has a choice.

MFA Painting course help her and particular benefice her for becoming an Innovative artist painter in the several ways.

After Graduation

After her MFA Painting postgraduation at the Manchester Metropolitan University in Uk, she decided to dedicate her carrier as a full times professional Artist Painter and Writer.
Building her legacy before going back to university to study PhD in Art and Humanities.

Inspirations She inspires by Human Nature, Environmental, Ecology and the contemporary futuristic Artist and Cubism art movement Artists like Picasso, Mark Rothko, Henry Matisse, Wassily Kandinsky. To purchase the original painting or visit us, you can freely come to studio at Stamford Street Central Ashton-Under-Lyne where people can purchase painting, she has some clients in the UK, USA and EU.
She is developing a style of work Inspired by the Neurodivergence, Ocean and Neurography Art, Neuroscience and Climate change Painting. Study MFA Painting Give her the opportunity to learn new technique in Art and Science, understanding the Impact of Art and Science on Mental Health. She is looking forward to taking a new Challenge.
Christelle unique artistic style base on theme: ART, AIR, ECOLOGY, SCIENCE.

BIOGRAPHIE DE L'ARTISTE

Christelle est une artiste expressionniste abstraite basée à Manchester au Royaume-Uni.

C'est une peintre dévouée qui recherche une collaboration avec l'art, la science et l'écologie à travers son travail. Dans ses peintures, elle cherche à se connecter avec les premières formes d'expression de soi de l'homme et à créer un fort sentiment d'impact émotionnel ou d'énergie. Christelle s'efforce d'apporter de la cohésion au langage visuel, à la fois harmonieux et disruptif, et elle estime que l'art contemporain doit poser des questions plutôt que fournir des réponses. Son travail explore de nouvelles formes, formes et chemins optiques tout en insufflant une sensation classique, équilibrant la tension entre tradition et innovation, paysage, figuratif abstrait et paysage marin. Christelle a complété une maîtrise en peinture des beaux-arts en 2023.

La maîtrise d'études en peinture (MFA Painting) lui offre plusieurs avantages tels que perfectionner ses compétences artistiques, approfondir ma compréhension de l'histoire et de la théorie de l'art, réseauter avec d'autres artistes et professionnels et accéder à des ressources comme un atelier de menuiserie, un studio et de l'équipement. Le cours lui donne également la possibilité de postuler aux différents appels à candidatures pour les artistes et d'exposer son travail dans le monde entier. Bénéficiez du mentorat d'artistes expérimentés pendant le séminaire, d'un tutoriel personnalisé de la part de l'enseignant responsable du cours et d'une possibilité de carrière dans le monde de l'art, qu'elle ait le choix en tant qu'artiste pratiquante ou éducatrice.

Le cours de peinture MFA l'aide et lui profite particulièrement pour devenir une artiste peintre innovante de plusieurs manières.

APRÈS L'OBTENTION DE LA THÈSE

Après avoir obtenu son diplôme de maîtrise en peinture à la Manchester Metropolitan University au Royaume-Uni, elle a décidé de se consacrer à sa carrière en tant qu'artiste peintre et écrivain professionnel à temps plein.
Construire son héritage avant de retourner à l'université pour étudier un doctorat en art et sciences humaines.
Inspirations Elle s'inspire de la nature humaine, de l'environnement, de l'écologie et du mouvement artistique futuriste contemporain et du cubisme. Des artistes comme Picasso, Mark Rothko, Henry Matisse, Wassily Kandinsky.
Pour acheter la peinture originale ou nous rendre visite, vous pouvez librement venir au studio de Stamford Street Central Ashton-Under-Lyne où les gens peuvent acheter la peinture, elle a des clients au Royaume-Uni, aux États-Unis et dans l'UE. Elle développe un style de travail inspiré de la neurodivergence, de l'art océanique et neurographique, des neurosciences et de la peinture sur le changement climatique. Étudier MFA Peinture Donnez-lui l'opportunité d'apprendre de nouvelles techniques en art et en science, en comprenant l'impact de l'art et de la science sur la santé mentale. Elle a hâte de relever un nouveau défi.
Christelle style artistique unique basé sur le thème : ART, AIR, ECOLOGIE, SCIENCE.

ECOLOGY PAINTING PORTFOLIO

ART, AIR AND ECOLOGY

Ecology paintings, can simplify complex ecological concepts, making them accessible to a wide audience. Visual representations of ecosystems and environmental changes can help people grasp the intricacies of ecological systems, leading to a better understanding of the interconnectedness of life on Earth.

PORTEFEUILLE DE PEINTURE ÉCOLOGIE

ART, AIR ET ECOLOGIE

Les peintures écologiques peuvent simplifier des concepts écologiques complexes, les rendant accessibles à un large public. Les représentations visuelles des écosystèmes et des changements environnementaux peuvent aider les gens à saisir les subtilités des systèmes écologiques, conduisant ainsi à une meilleure compréhension de l'interdépendance de la vie sur Terre.

The Earth (2023)
Mixed-media Wood, Grass,
Stone, Oil on Stretching Canvas
Dimensions: 228cm x 195cm

The Space (2023)
Oil on stretching Canvas
Dimension: 200cm X 150cm

The Destroy planet (2023)
Oil on stretching canvas
Dimension: 200cm x 150cm

The Death Sea (2022)
Medium: mixed media painting Dark
Dimensions: 170 cm x 100 cm
Acrylic painting on Organic stretching canvas

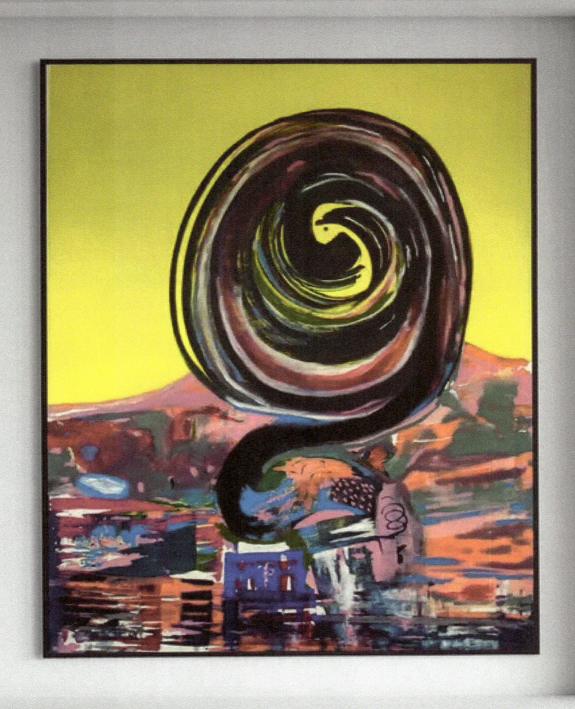

The WHIRLWIND (2022)
Medium: Acrylic painting on organic canvas
home made stretching canvas
Dimensions: 170 cm X 100 cm

The TORNADO (2022)
Medium: Acrylic painting on stretching canvas
Dimesions: 200 cm x 130 cm

The Cracle desert (2023)
Oil on stretching canvas
Dimension: 228cm x 195cm

The Biodiversity (2022)
Oil on stretching canvas
Dimension: 200cm x 150cm

The Eruption Volcano (2022)
Mixed-Media Paper, glue, OIL
Painting on canvas
Dimensions: 70 cm x 55 cm

The Sunset (2022)
Oil painting on canvas
Dimension: 70cm x 100 cm

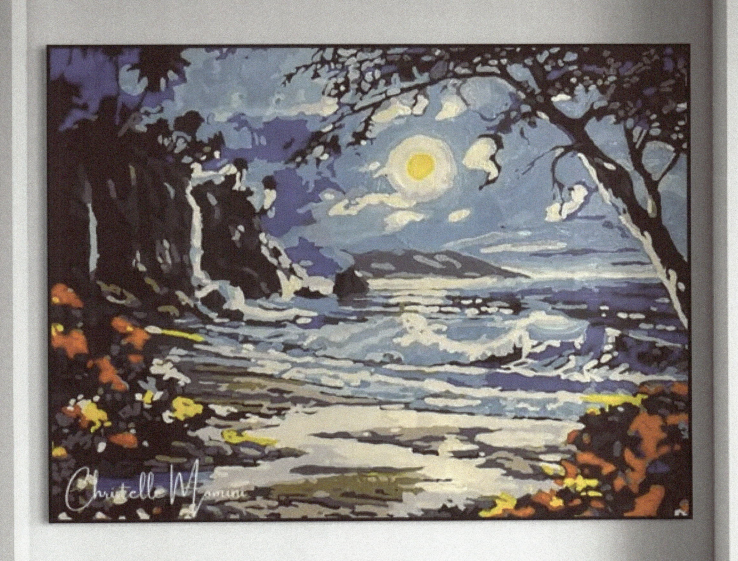

The Landscape (2022)
Oil painting on canvas
Dimension: 70cm x 100 cm

The Green Garden (2022)
Oil painting on canvas
Dimension:70cm x 100 cm

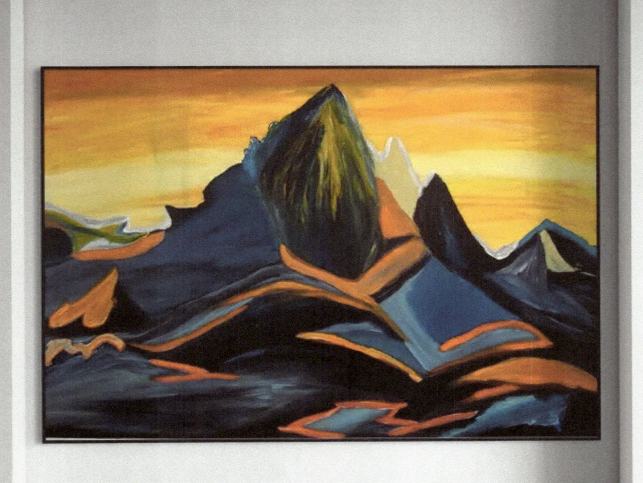

The Landscape(2022)
Oil on stretching canvas
Dimension: 100cm x 100cm

The Innovative Landscape (2023)
Mixed-Media, Stone Gue, kitchen tissue Oil on stretching canvas
Dimension: 125cm x 170cm

The Land and The Sea (2022)
Acrylic Painting on canvas
Dimensions: 70 cm x 55 cm

The Seasons (2022)
Oil on stretching canvas
Dimension: 100cm x 100cm

The Entropy of the Land (2023)
Oil on stretching canvas
Dimension: 200cm x 150cm

SCIENCE MOTHER NATURE ON AIR
100CM X 100CM

ENTROPY OF THE DESAPEARING TOWN
295CM X 300CM

The Beach (2022)
Oil painting on canvas
Dimension: 70cm x 100 cm

ART, SCIENCE AND PAINTING

NEUROLOGY PAINTING

The fine Art Language
How painting can connect to Science ecologically to resolve a problem related to our health and well-being to found balance without taking discomfort on climate change and environmental impact.
Christelle is an Abstract - Expressionism Artist. She Inspired by the human Nature, Art and Science to produce the series of paintings. Actually her projet is consiste to a Neurologist painting, inspired by the neuro-Scientists and the natural psychology colours over the Decades.

This project will focus on the interpretation cultural objects in painting with observational and environmental using novel experimental platform like Landforms, the Climate, the Air, the Natural vegetation around the mountains to explore how interpersonal variability can affected people mental health and improve the brain fonction due to the climate change and how it's affect cognitive process underlying and individuals behaviour in a social environment context, in addition to affect on learning

ART, SCIENCES ET PEINTURE

PEINTURE DE NEUROLOGIE

Le langage des beaux-arts
Comment la peinture peut se connecter écologiquement à la Science pour résoudre un problème lié à notre santé et à notre bien-être afin de retrouver un équilibre sans ressentir d'inconfort face au changement climatique et à l'impact environnemental.

Christelle est une artiste abstraite - expressionnisme. Elle s'est inspirée de la nature humaine, de l'art et de la science pour produire la série de peintures. En fait, son projet consiste en une peinture de neurologue, inspirée des couleurs des neuro-scientifiques et de la psychologie naturelle au fil des décennies.

Ce projet se concentrera sur l'interprétation des objets culturels en peinture avec l'observation et l'environnement en utilisant une nouvelle plate-forme expérimentale comme les formes de relief, le climat, l'air, la végétation naturelle autour des montagnes pour explorer comment la variabilité interpersonnelle peut affecter la santé mentale des personnes et améliorer les fonctions cérébrales. au changement climatique et comment il affecte les processus cognitifs sous-jacents et le comportement des individus dans un contexte d'environnement social, en plus de son impact sur L'etude

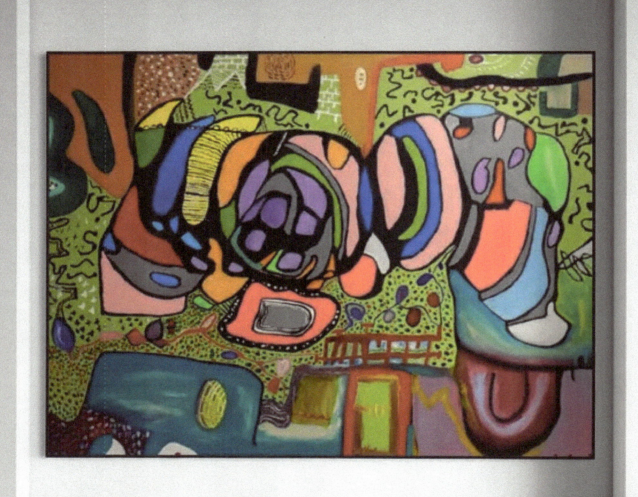

The Open BrainOil Painting on Canvas
Dimensions: 130 cm x 120CM

Neurology painting
Oil Painting on Canvas
Dimensions: 130 cm x 120 cm

ART

NEUROCIENCE PAINTING ART
OIL PAINTING ON STRECHING
CANVAS 295CM X 300CM

AIR

NEUROCIENCE PAINTING RESILIENCE AIR OIL PAINTING ON STRECHING CANVAS 295CM X 300CM

INTERIOR EXPOSURE

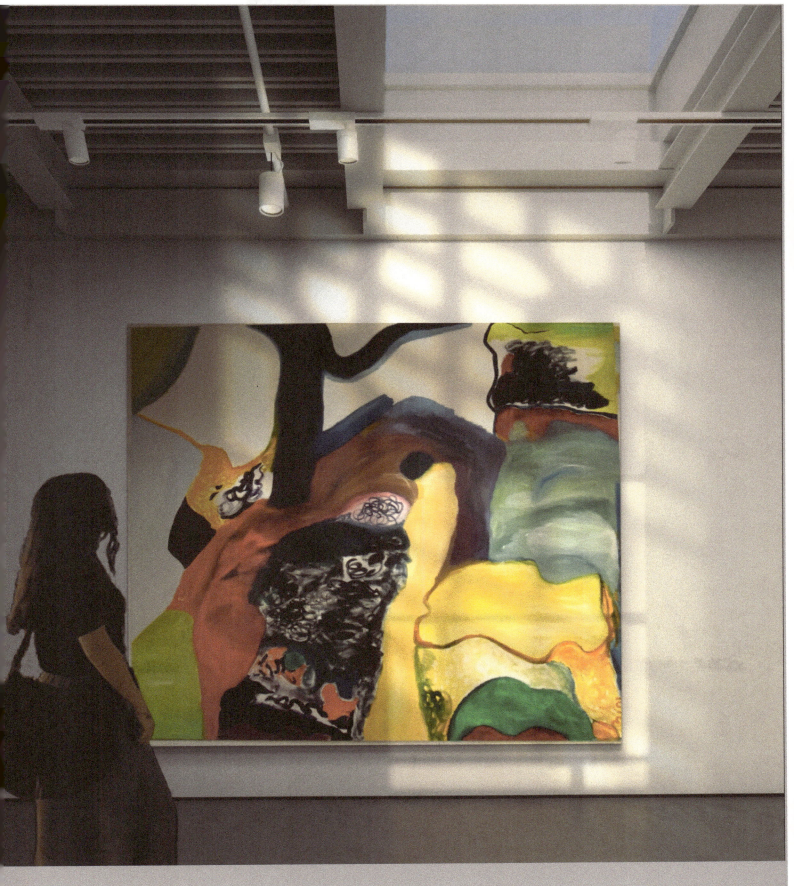

NEUROSCIENCE PAINTING ECOLOGY
OIL PAINTING ON STRECHING
CANVAS 295CM X 300CM

NEUROCIENCE PAINTING ECOLOGY OIL PAINTING ON STRECHING CANVAS 295CM X 300CM

Interior Exposure

HOLISTIC EXPOSURE

Neurology Painting Oil Painting on canvas
Dimensions: 130 cm x 120 cm

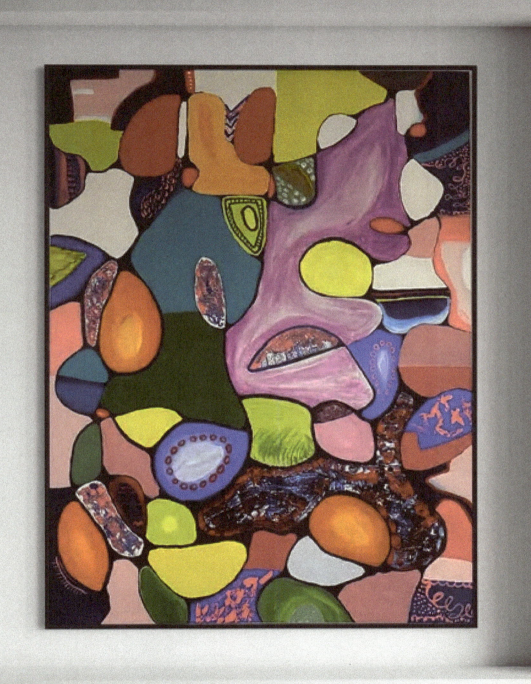

Neurology painting Oil painting on Canvas
Dimensions: 130 cm x 120 cm

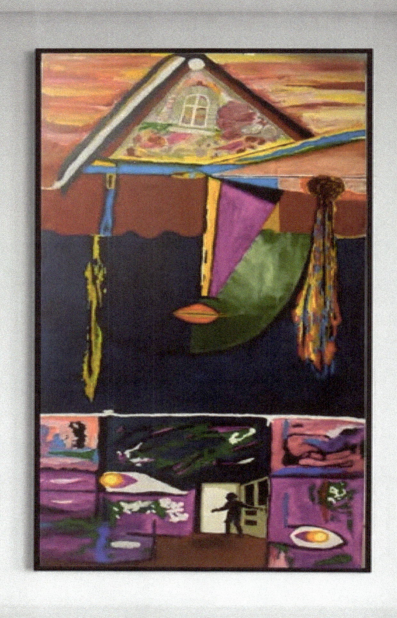

The house of HopeAcrylic Painting on Canvas
Dimensions: 200cm x 99 cm

The Hand of God Oil Painting on canvas
Dimensions: 130cm x 120 cm

The memory Mixed-media collage Oil on stretching canvas
Dimensions: 130cm x 120cm

NEURODIVERGENCE EXPRESSION

EXPRESSIONISM FIGURATIVE GALLERY

In this Cathegory, I will explore the Neurodiversity a framework for understanding human brain function and mental illness. It argues that diversity in human cognition is normal and that some conditions classified as mental disorders are differences and disabilities that are not necessarily pathological. Hre we are....

EXPRESSION DE LA NEURODIVERGENCE

GALERIE FIGURATIVE EXPRESSIONNISME

Dans cette catégorie, j'explorerai la neurodiversité, un cadre pour comprendre le fonctionnement du cerveau humain et la maladie mentale. Il soutient que la diversité de la cognition humaine est normale et que certaines conditions classées comme troubles mentaux sont des différences et des handicaps qui ne sont pas nécessairement pathologiques. Nous y sommes....

Agender (Androgynous)
Medium: Oil on stretching canvas
Dimenssion: 200cm X 125cm

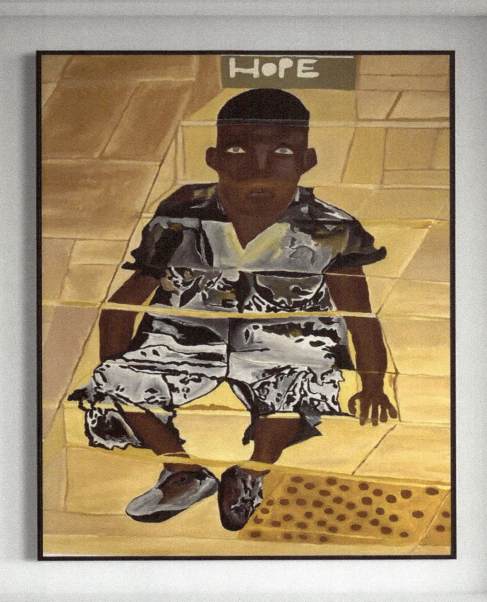

Neuter Gender (Don't Ignore Him)
Medium: Oil on Stretching Canvas
Dimension: 200cm x 150cm

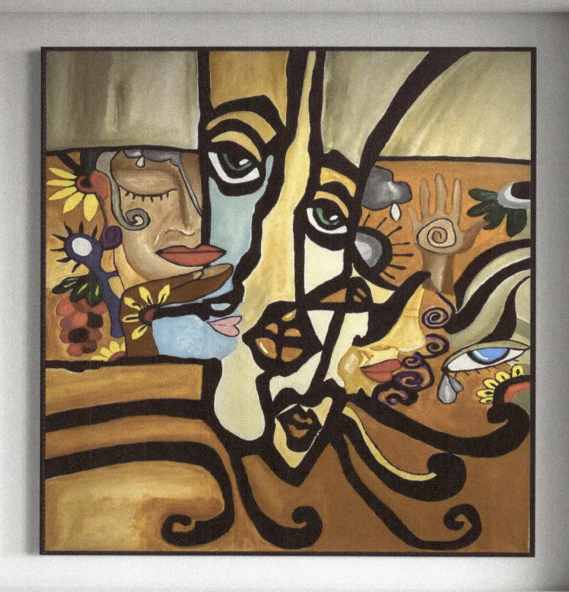

Genderfluid
Medium: Oil on canvas
Dimensions: 80cm x 100cm

Gender Identity
Medium: Oil on Canvas
Dimensions: 80cm X 100cm

Travel Spirit
Medium: Oil on Canvas
Dimensions: 80cm x 100cm

Third Gender
Medium: Oil on Canvas
Dimensions: 80cm x 100cm

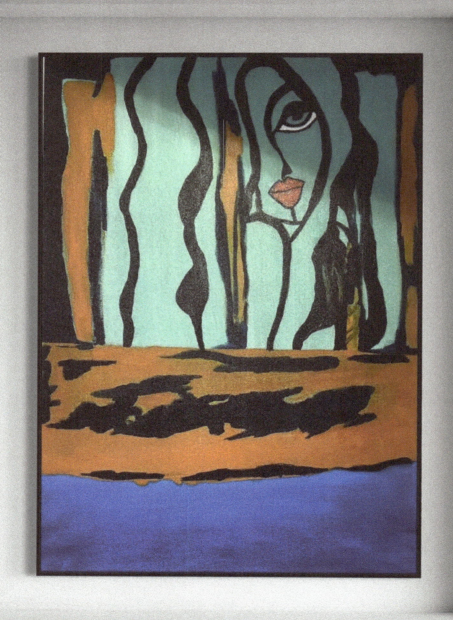

Agender Expression
Medium: Oil on Canvas
Dimension: 70cm x 50cm

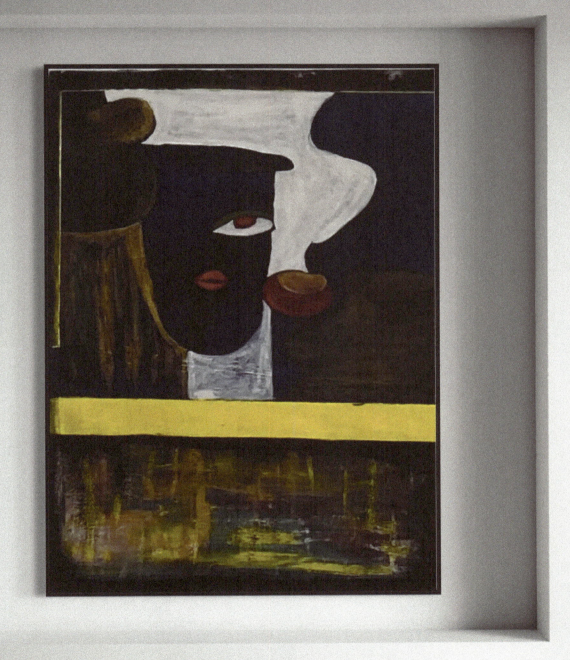

Gender Neutral
Medium: Oil on Stretching Canvas
Dimensions: 70cm x 50cm

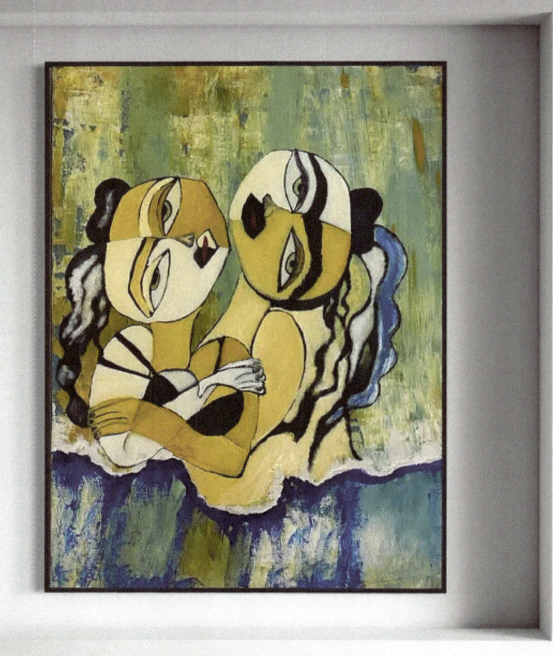

Gender Dysphoria
Medium: Oil on stretching canvas
Dimensions: 70cm x 50cm

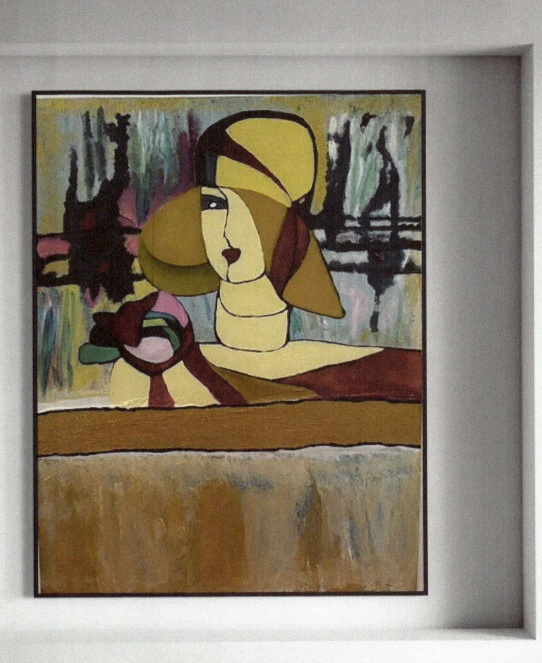

Genderqueer
Medium: Oil on stretching canvas
Dimensions: 70cm x 50cm

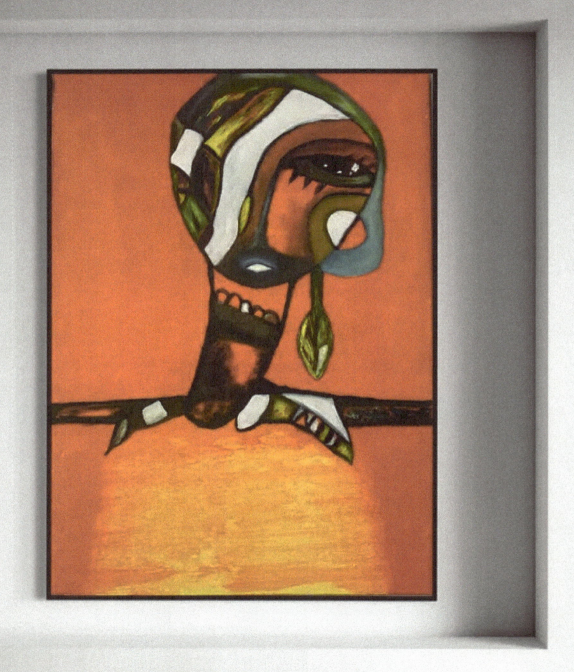

Non-Binary Gender
Medium: Oil on stretchng canvas
Dimensions: 70cm x 50cm

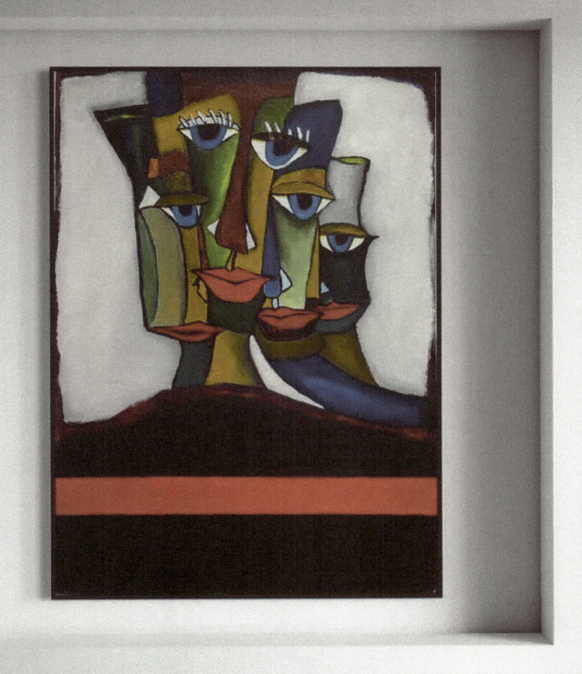

Pansexual
Medium: Oil on stretching canvas
Dimensions: 70cm x 50cm

Androgyne
Medium: Mixed-media, sand, Oil on stretching canvas
Dimensions: 70cm X 50 cm

ABSTRACT EXPRESSIONISM GALLERY

Abstract Expressionism came about on the heels of one of history's most tumultuous eras, and was informed by the Great Depression and the devastation of the Second World War. in the framework, I will provide the painting which can ill or take over depression.

GALERIE D'EXPRESSIONNISME ABSTRAIT

L'expressionnisme abstrait est né à la suite de l'une des époques les plus tumultueuses de l'histoire et a été influencé par la Grande Dépression et les ravages de la Seconde Guerre mondiale. dans le cadre, je fournirai le tableau qui peut malade ou prendre le relais de la dépression.

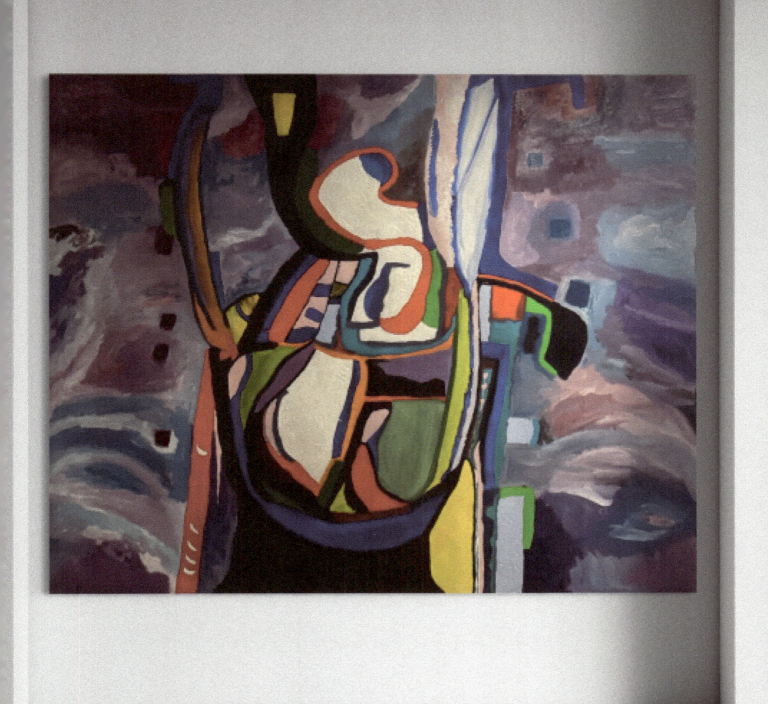

INNOVATIVE PAINTING

Thank you for learning with me, for dreaming in colour with me, and to supporting my dream by exploring my techniques.
As you exploring the techniques in this book and practice your own observation I want you to ask questions to yourself. What catches your view on my painting? what do you thing? what do you feel looking at my painting?. here are the tutorials on my own techniques.

PEINTURE INNOVANTE

Merci d'avoir appris avec moi, de rêver en couleur avec moi et de soutenir mon rêve en explorant mes techniques.
En explorant les techniques de ce livre et en pratiquant votre propre observation, je souhaite que vous vous posiez des questions. Qu'est-ce qui attire votre attention sur ma peinture ? qu'en penses-tu ? que ressentez-vous en regardant ma peinture ?. voici les tutoriels sur mes propres techniques.

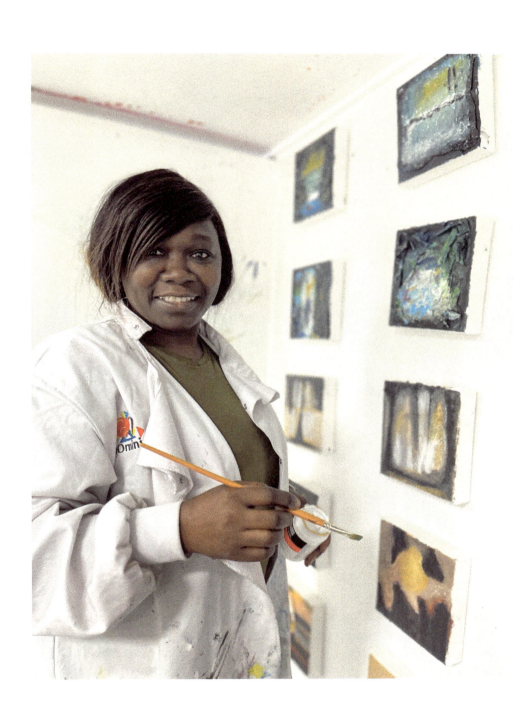

THE ART OF EXPRESSIOISM PAINTING

In real life, an expression of emotion is a piece of behaviour that issues from somebody or other who is experiencing the emotion, and manifests or reveals that emotion in such a way that other people can perceive the function as emotion in the behaviour. Artistic expression has the same basic structure and function as expression in ordinary life. My work though myself as revealing in my artwork project the emotions and feeling that I was experiencing or remembering experiencing and thereby enabling other people to understand and feel wat it is to be in that emotional behaviour state.

I will share with you a step-by-step project using a mixed media to express myself in the stressful reflective situations. I work to bring cohesion to the visual language of painting, which is harmonious yet disruptive, and I believes that contemporary art should ask questions rather than provide answers. My work explores new forms and mixed language of still life combine with memories balancing the tension between traditional and innovation, Abstract figurative expression.

Ecology Painting

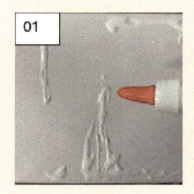
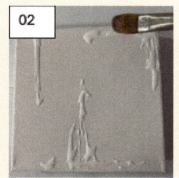

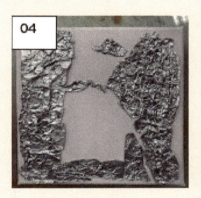
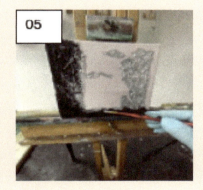

MATERIALS AND MEDIUM
- Kitchen foil
- PVA Glue
- Canvas 20cm x 20cm
- Ivory Black
- Yellow Ochre
- Dark blue
- Mid-Blue
- Light Blue
- Grey with a green (mixed colour)

1) Start by cover the space with a PVA Glue
2) Use the small flag brush to spray the Glue on the surface
3) Cover all the surface with a big amount of the Glue
4) Put the kitchen foil paper around the area on your desire let it dry for one day
5) Start paint the side with the black paint
6) Paint the middle with large flag brush to blend the blue, yellow and white colours
7) Continue with the black colour around the surface
8) Finish with indigo blue and white

MIXED-MEDIA TUTORIALS

These are my method to relieve stress and bad memories, I decided to create a new style painting by combining embroideries, sketching and painting on canvas.

TUTORIELS MIXTES

C'est ma méthode pour évacuer le stress et les mauvais souvenirs, j'ai décidé de créer un nouveau style de peinture en combinant broderies, croquis et peinture sur toile.

Self-Portrait
Mixed-media
embroidery and oil
painting on canvas
30cm x 40cm

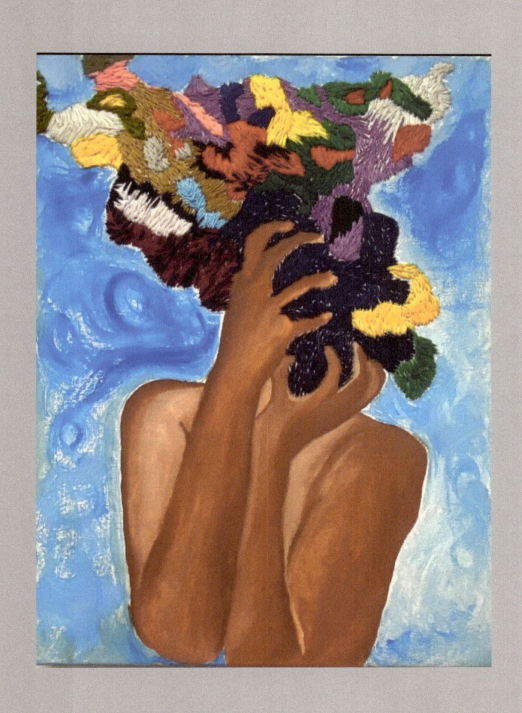

PROJECT 2

STRESS

1) Start by drawing your emotion down
2) Embroidery the illusion
3) Use acrylic colour to blend the painting use the colour you want

Materials Use
- Canvas
- Threads
- Acrylic paint
- Needle

Self-Portrait Mixed-media embroidery and oil painting on canvas 30cm x 40cm

MIXED-MEDIA TUTORIAL

STEP BY STEP OF MIXED PAINTING THE INNOVATION IN PAINTING

PROJECT 1

PAINTING WITH THREAD

The Freedom

Materials Use
- Different colours of thread
- Acrylic psychological mixed colours colours
- You can use the colour of your choice

1) Start by draw your Imagination on canvas
2) Painting with thread by embroidered stich on canvas
3) Use the acrylic or oil colour to paint the figure start on the face
4) Pain tthe neck and the hand but the be careful with the contrast balanced
5) Paint the chest clear than the hand only with the wet brush
6) Fished touch the painting

Self-Portrait Mixed-media embroidery and oil painting on canvas 30cm x 40cm

MEMORY

1) Start by drawing the memory
2) Continue painting with threads using the colour you want
3) Blend the painting with the threads
4) Use the acrylic mixed colours painting to paint the portrait

Material use
- Canvas
- Embroidered threads
- dle
- Acrylic colours painting

Self-Portrait Mixed-media embroidery and oil painting on canvas 30cm x 40cm

The Queen

I start this project by drawing the portrait and finish with the painting. I use Oil painting to paint the skin

Self-Portrait
Mixed-media
embroidery and oil
painting on canvas
30cm x 40cm

PROJECT 5
The BRIDE

For this mixed media, start with drawing follow with the embroidery and finish by painting. I use Oil painting for this project

BRAND LICENSE
FOR MY INNOVATIVE PROJECT

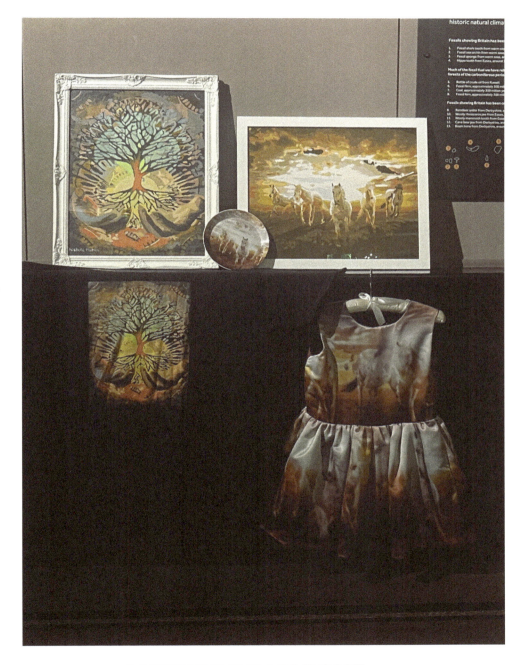

LICENCE DE MARQUE
POUR MON PROJET INNOVANT

PAINTING USING FOR WEALTH BRAND HANDBAGS AND PURSE

PEINTURE UTILISANT POUR LA MARQUE WEALTH SACS À MAIN ET PORTE-MONNAIE

LICENSING PRODUCT BASED ON MY PAINTING

LICENSING PRODUCT HANDBAG BASED ON MY PAINTING

LICENSING PRODUCT BASED ON MY PAINTING HANDBAG AND PURSES

LICENSING PRODUCT FROM THE PAINTING HANDBAG AND PURSES

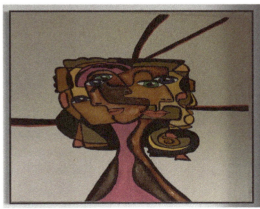

LICENSING PRODUCT HANDBAG DESIGN FROM MY PAINTING

LICENSING PRODUCT HANDBAG DESIGN FROM PAINTING

LICENSING BASED IN MY PAINTING HANDBAG AND PURSES

LICENSING IS PRODECT BASED IN PAINTING HANDBAGS AND PURSE

SPECIAL THANK.

FIRST OF FIRST I WANT TO GIVE ALL THE GLORY TO GOD ALMIGHTY, THE CREATOR OF HEAVEN AND EARTH, THE ONE WHO CREATED EVERYTHING.

THANK YOU MY GOD FOR GIVING ME THE GRACE TO CONTINUE MY STUDIES AS AN ADULT.

THANK YOU FOR THE INSPIRATION AND THE STRENGTH YOU PUT IN ME.

I ALSO WOULD LIKE TO THANK MY TEACHER DOCTOR IAN FROM WHO I LEARNED A LOT.

A SPECIAL THANK YOU TO MY COLLEAGUE AND FRIEND YVONNE NOWORYTA SHE SOCIALLY SUPPORTED ME DURING ALL THE YEARS AT UNIVERSITY.

I DEDICATE THIS BOOK TO THE ALMITHY GOD, MY CHILDREN AND MY FAMILY, WHO HAVE ALWAYS BEEN THERE FOR ME DURING MY BURNOUT MOMENTS:
THANK YOU TO TAKE TIME TO READ MY BOOK.

REMERCIEMENT

TOUT D'ABORD JE TIENT A DONNER TOUTE LA GLOIRE A DIEU TOUT PUISSANT LE CREATEUR DU CIEL ET DE LA TERRE CELUI QUI A TOUT CREER.

MERCI ETERNEL MON DIEU DE M'AVOIR DONNER LA GRACE DE CONTIUER MES ETUDES A L'AGE ADULTE.

MERCI POUR L'INSPIRATION ET LA FORCE QUE TU AS MISE EN MOI.

JE TIENS AUSSI A REMERCIE MON PROFFESSEUR LE DOCTEUR IAN EN QUI J'AI BEAUCOUP APPRIS.

UN MERCI SPECIAL A MA COLLEGUE ET AMIE YVONNE NOWORYTA QUI MA SOUTENUE SOCIALEMNENT DURANT TOUTE LES ANNEES PASSEE A L'UNIVERSITÉ.

JE DEDI CE LIVRE A DIEU, A MA FAMILLE ET A MES ENFANTS QUI ONT TOUJOURS ÉTÉ LA POUR MOI PENDANT MES MOMENTS DE BURNOUT:

CONCLUSION
HOW TO SURVIVE ON MFA PAINTING?
MY SEVEN FIGURES TO SUCCESSFULLY COMPLETED AND MFA PAINTING

Surviving and thriving in an MFA (Master of Fine Arts) in painting program requires a mix of artistic development, critical thinking, networking, and personal resilience. Here are some strategies I adopted to successfully completed my journey.

1. Artistic Growth and Experimentation

- Embrace Failure: Use the MFA program as a laboratory for experimentation. Don't be afraid to fail; it's part of the learning process.
- Develop a Personal Voice: Focus on honing your unique style or voice. Engage deeply with your themes, techniques, and medium don't copy successful artist always create your own and ask for tutorial and feedback listen to your tutor advice you are her to learn.
- Take Risks: Push the boundaries of your comfort zone. Experiment with new mediums, techniques, or concepts that challenge your artistic identity.

2. Engage with Critique

- Accept Criticism Constructively: Learn to take criticism without taking it personally. Use feedback to refine your work and ideas.
- Critique Others Thoughtfully: Offering insightful critique to peers can deepen your understanding of art and foster a supportive community. Support another Artist.
- Reflect on Your Work: Regularly critique your own work. Question your assumptions, intentions, and the impact of your art.

3. Build a Network: Apply for Art Fair, Exhibition, take your experimentation artwork to the market to sell and collecting feedback from public while networking.

-Engage with Peers and Faculty Your cohort and professors are valuable resources. Engage with them for collaborative projects, feedback, and support.
- Attend Art Events: Attend gallery openings, lectures, and workshops. Networking can open doors to exhibitions, residencies, and future collaborations.
- Build an Online Presence: Use social media or a personal website to share your work and connect with the broader art community.

4. Balance Art with Academics: Plan your journey to stay committed

-Manage Your Time, Juggling studio work, classes, and possibly teaching duties requires strong time management skills. Create a schedule that prioritizes your studio practice.

- Research and Writing: Engage with art history, theory, and criticism. Your academic work should inform and enrich your artistic practice. Always take a note.
- Document Your Work: Regularly document your paintings and projects. This helps with self-assessment and building your portfolio.

5. Maintain Mental and Physical Health

- Practice Self-Care: Intense creative work can be draining. Ensure you balance studio time with activities that recharge you, such as exercise, meditation, or socializing.
- Seek Support: If the pressure becomes overwhelming, don't hesitate to seek support from counsellors, peers, or mentors.

6. Prepare for Post-MFA Life research for studio, Market teal

- Build a Portfolio: Start compiling a professional portfolio early. Include your best work and document exhibitions, reviews, or other accomplishments.
- Plan: Consider your post-MFA career path. Whether it's gallery representation, teaching, or other art-related fields, start building the necessary connections and skills.
- Apply for Opportunities: During your program, apply for residencies, exhibitions, or grants. Success in these areas can ease the transition from student to professional artist.

7. Stay Open and Adaptable Have one Theme and be flexible for a style according for the gallery expect.

- Be Open to Change: Your artistic direction may evolve significantly during the MFA. Embrace this growth.
- Adapt to Criticism: Use feedback from professors and peers to refine your approach. Adaptability is key to thriving in an environment where artistic standards are constantly challenged.

By focusing on these aspects, you can navigate the challenges of an MFA program while maximizing your artistic growth and preparing for a successful career in the arts. Work hard and play harder too.

But remember
"DON'T LOOK BACK".

CONCLUSION

COMMENT SURVIVRE A LA FORMATION DE LA THESE (MFA) ?
MES SEPT CHIFFRES POUR RÉUSSIR

Survivre et prospérer dans un programme de MFA (Master of Fine Arts) en peinture nécessite un mélange de développement artistique, de pensée critique, de réseautage et de résilience personnelle. Voici quelques stratégies que j'ai adoptées pour réussir mon parcours.

1. Croissance artistique et expérimentation
- Embrasser l'échec : utilisez le programme MFA comme laboratoire d'expérimentation. N'ayez pas peur d'échouer ; cela fait partie du processus d'apprentissage.

- Développez une voix personnelle : concentrez-vous sur le perfectionnement de votre style ou de votre voix unique. Engagez-vous profondément dans vos thèmes, vos techniques et votre support, ne copiez pas les artistes à succès, créez toujours les vôtres et demandez un tutoriel et des commentaires, écoutez les conseils de votre tuteur, vous êtes à elle d'apprendre.
- Prenez des risques : repoussez les limites de votre zone de confort. Expérimentez avec de nouveaux médiums, techniques ou concepts qui remettent en question votre identité artistique.

2. Engagez-vous avec la critique
- Acceptez les critiques de manière constructive : apprenez à accepter les critiques sans les prendre personnellement. Utilisez les commentaires pour affiner votre travail et vos idées.- Critiquez les autres de manière réfléchie : offrir des critiques perspicaces à vos pairs peut approfondir votre compréhension de l'art et favoriser une communauté de soutien. Soutenez un autre artiste.
- Réfléchissez à votre travail : critiquez régulièrement votre propre travail. Remettez en question vos hypothèses, vos intentions et l'impact de votre art.

3. Construisez un réseau : postulez à une foire d'art, à une exposition, apportez vos œuvres d'expérimentation sur le marché pour les vendre et recueillez les commentaires du public tout en réseautant.
-Engager avec les pairs et les professeurs Votre cohorte et vos professeurs sont des ressources précieuses. Engagez-vous avec eux pour des projets collaboratifs, des commentaires et du soutien.
- Assister à des événements artistiques : assister à des vernissages de galeries, des conférences et des ateliers. Le réseautage peut ouvrir les portes à des expositions, des résidences et de futures collaborations.
- Construisez une présence en ligne : utilisez les réseaux sociaux ou un site Web personnel pour partager votre travail et vous connecter avec la communauté artistique au sens large.

4. Équilibrez l'art et les universitaires : planifiez votre parcours pour rester engagé

- Gérer votre temps, jongler avec le travail en studio, les cours et éventuellement les tâches d'enseignement nécessite de solides compétences en gestion du temps. Créez un horaire qui donne la priorité à votre pratique en studio.
- Recherche et rédaction : s'engager dans l'histoire de l'art, la théorie et la critique. Votre travail académique doit informer et enrichir votre pratique artistique. Prenez toujours note.
- Documentez votre travail : documentez régulièrement vos peintures et vos projets. Cela aide à l'auto-évaluation et à la constitution de votre portefeuille.

5. Maintenir la santé mentale et physique

- Pratiquez les soins personnels : un travail créatif intense peut être épuisant. Assurez-vous d'équilibrer le temps passé en studio avec des activités qui vous rechargent, comme l'exercice, la méditation ou la socialisation.
- Recherchez du soutien : si la pression devient écrasante, n'hésitez pas à demander le soutien de conseillers, de pairs ou de mentors.

6. Préparez-vous à la recherche post-MFA Life pour le studio, Market sarcelle

- Construire un portfolio : commencez tôt à constituer un portfolio professionnel. Incluez vos meilleurs travaux et documentez des expositions, des critiques ou d'autres réalisations.
- Plan : réfléchissez à votre cheminement de carrière post-MFA. Qu'il s'agisse de représentation en galerie, d'enseignement ou d'autres domaines liés à l'art, commencez à établir les liens et les compétences nécessaires.
- Postulez pour des opportunités : pendant votre programme, postulez pour des résidences, des expositions ou des subventions. La réussite dans ces domaines peut faciliter la transition d'étudiant à artiste professionnel.

7. Restez ouvert et adaptable Ayez un thème et soyez flexible pour un style en fonction des attentes de la galerie.

- Soyez ouvert au changement : Votre direction artistique peut évoluer de manière significative au cours du MFA. Acceptez cette croissance.
- Adaptez-vous aux critiques : utilisez les commentaires des professeurs et des pairs pour affiner votre approche. L'adaptabilité est essentielle pour prospérer dans un environnement où les normes artistiques sont constamment remises en question.

En vous concentrant sur ces aspects, vous pouvez relever les défis d'un programme MFA tout en maximisant votre croissance artistique et en vous préparant à une carrière réussie dans les arts. Travaillez dur et jouez plus dur aussi.

Mais rappelez-vous,
"NE REGARDEZ PAS EN ARRIÈRE".

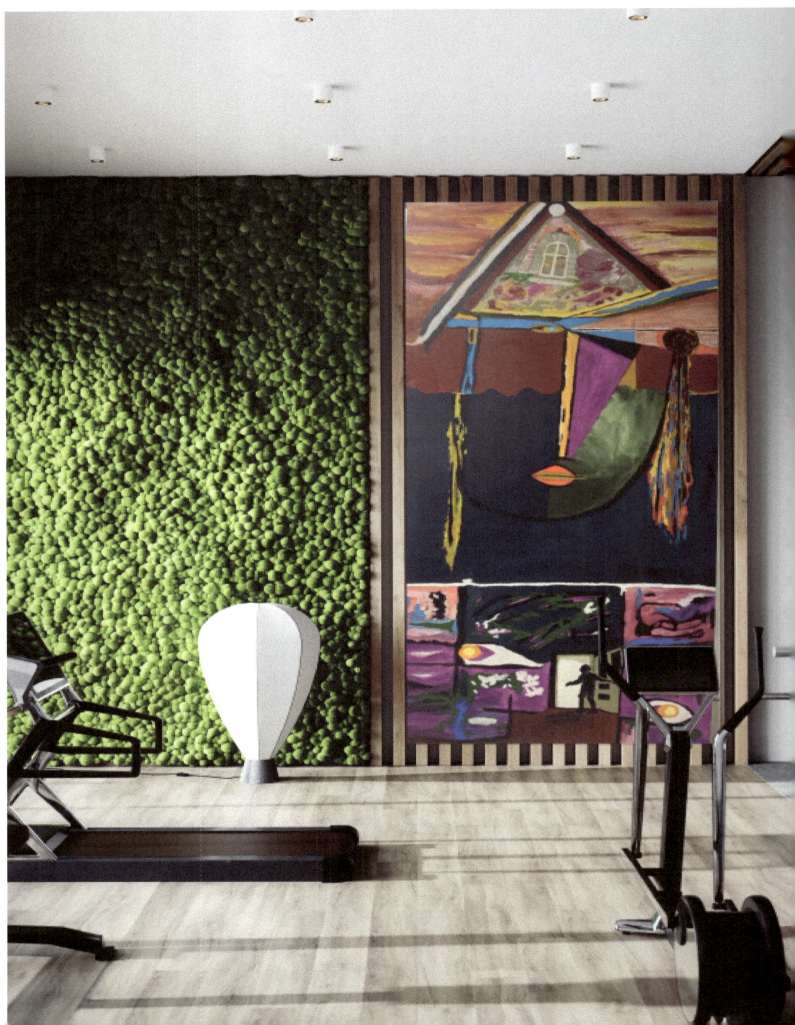